최광훈의 **주가차트** 노하우

2011 최신판

최광훈의
주가차트
노하우

최광훈 지음

중앙경제평론사

주식세계에 뛰어든 지 이십여 년 동안 무수한 투자자들을 만나면서 항상 안타까운 것은 대부분의 투자자들이 공부보다는 그저 느낌, 자신만의 감에 의존해 투자를 하고 있다는 점이었다. 그런 가운데서도 주식시장이 오늘날 이만큼 성장한 것은 다행스러운 일인지도 모르겠다. 그러나 요행심이 앞선 짧은 생각만으로 주식을 사고파는 즉흥적인 매매기법으로는 백전백패의 결과를 가져올 뿐이라는 점을 잊지 않아야 한다.

쉽게 돈을 버는 방법은 이 세상에 없다는 사실을 스스로 깨닫고, 책상 앞에 차분하게 앉아서 주가가 오르내릴 때 어떤 징후들이 나타나는지 주가차트를 열심히 공부해야 한다. 주가차트 중에서 비교적 쉬운 '음양선 차트'를 분석해가면서 주식매매의 맛을 느껴보도록 한다.

시중에 주가차트에 관한 책들이 많이 나와 있지만 설명이 난해한 경우가 많다. 이 책은 초보자라도 주가차트 분석의 원리를 쉽게 익히고, 실전에서도 바로 활용할 수 있도록 간단명료한 이론 설명과 유망주 중심의 실전 차트 분석을 적절히 배열한 점이 특징이다.

아무쪼록 이 책으로 공부한 독자들이 주식으로 좋은 성과를 올릴 수 있기를 진심으로 기원한다.

최광훈

3장 캔들차트의 작성법과 읽는 법

4장 캔들차트의 결합과 읽는 법

주식을 사지 말고 때를 사라.

우량주도 부실주도 주가는 등락을 반복하므로 종목보다는 매매시점을 잘 선택하는 것이 중요
하다.

1장

기술적 분석의 키워드 주가차트

생각하고 사고, 팔아놓고 생각하라!

1

주가차트란 무엇인가

요즘은 경제전문지 뿐만 아니라 뉴스시간에도 주가차트라는 말을 보편적으로 쓰고 있다. 이 차트라는 말은 영어의 'Chart'에서 따온 것으로 해도(海圖)를 의미한다. 바다를 항해할 때 이 해도가 없으면 목적지에 도착할 수 없다.

이 해도와 마찬가지로 주가에도 하나의 방향성이라고 할 수 있는 어떤 것이 개개의 종목 또는 종합주가지수에 존재하는데 이것을 제대로 이해한다면 주가를 예측하는 데 매우 큰 도움이 될 것이다.

주가를 예측하기 위한 도구로서 주가의 움직임을 나타낸 것이 바로 주가차트이다.

이 같은 차트에는 여러 가지가 있으나 가장 일반적으로 쓰이고 있는 것이 바로 '캔들차트'이며, 증권사에서 제공하는 기본 차트도 바로 이 캔들차트(양초형 차트라고도 함)이다.

캔들차트는 다음의 3종류를 주로 활용한다.
- **일봉차트** – 해당 일(日) 주가의 움직임
- **주봉차트** – 해당 주(週) 주가의 움직임
- **월봉차트** – 해당 월(月) 주가의 움직임

이는 모두 그 기간 내 주가의 움직임을 독자적인 방법으로 작성한 것으로 일봉은 그날의 움직임, 주봉은 일주일간의 움직임, 월봉은 1개월간의 움직임을 각각 나타낸 것이다.

일반적으로는 주봉차트를 중심으로 보아야 하지만, 최근에는 매매패턴이 단기화 되는 경향이 있으므로 투자기간을 짧게 잡는 투자자라면 일봉차트를 참고해도 무방할 것이다.

각 차트들은 모두 의미 있는 것이므로 투자 시에는 월봉차트로 장기적인 트렌드(경향)를 파악해 가면서 중기적인 주가의 움직임이나 위치를 파악하는 것이 좋다.

2

주가차트에도 하나의 '경향'이 있다

Stock

일봉차트, 주봉차트, 월봉차트를 막론하고 차트에는 하나의 방향성, 혹은 경향이라는 것이 존재한다. 이 경향이란 한번 상승하기 시작하면 어느 정도 그 상승세를 지속하고, 반대로 한번 하락하기 시작하면 그 하락경향이 어느 기간 동안 지속된다는 의미이다.

여기서 가장 중요한 것은 [차트 1-1]과 같이 상승도중의 일시적인 하락인가 아니면 [차트 1-2]와 같이 하강도중의 하락인가를 파악해야 한다는 점이다.

[차트 1-1] 삼성증권 주봉

삼성증권 MA 5 MA 10 MA 20 MA 60 MA 120
←최고:87,000 (2008/03/31일)
67,600 (+0.00%)
상승도중 일시하락
←최저:47,300 (2008/10/27일)
거래량
2008/03/17
2010/10/11

[차트 1-2] 한국철강 주봉
한국철강 MA 5 MA 10 MA 20 MA 60 MA 120
←최고:61,300 (2009/05/18일)
하락도중
지속하락
30,650
(+2.17%)
←최저:14,700 (2008/10/27일)
거래량

[차트 1-1]과 같이 상승도중의 하락이라면 일시하락 매수(일시적으로 하락한 시점에서 매수하는 것)의 신호이므로 절호의 매수기회라고 할 수 있다.

반면 [차트 1-2]의 한국철강과 같이 최고가에서 하락하기 시작한 시점에서 일시하락인 줄 알고 매수하게 되면 매수가격의 반값 이하까지 떨어지는 경우가 많고, 매수가격 수준으로 회복되기까지는 상당한 기간이 걸릴 수 있다.

자칫 잘못하면 계속되는 하락에 지쳐 심신을 해치거나 또는 '도대체 어느 선까지 하락할 것인가' 하는 불안감에 도중에 손해를 보고 투매하게 되는 경우가 발생한다.

그렇기 때문에 '주식투자로 돈을 벌기란 쉬운 일이 아니다' 라는 말이 나오는 것이다. 그러나 앞의 주가차트에서도 볼 수 있듯이 주가의 움직임에는 하나의 습성 또는 경향이라는 것이 있다는 점을 명심하고 투자에 임한다면 천장권에서 매수를 한다거나 바닥권에서 투매를 하는 등의 실수를 범하지 않고 상승도중의 주식을 매수하여 착실하게 이익을 쌓아나갈 수 있을 것이다.

3

주가차트로 미래의 주가를 예측한다

Stock

주가차트는 주가의 과거 발자취를 그래프로 나타낸 것이다. 따라서 그 발자취를 일정기간 살펴나가다 보면 훗날 주가예측을 할 때 큰 도움이 된다.

그러나 매일매일 주가를 주시한다 해도 그날 다소간 하락이 있었다고 할 경우, 그것이 일시적인 하락인지 아니면 이미 상승할 만큼 상승해서 당분간 그 하락이 지속될 것인지를 판단하기란 매우 어렵다.

[차트 1-3] KOSPI 종합 주봉

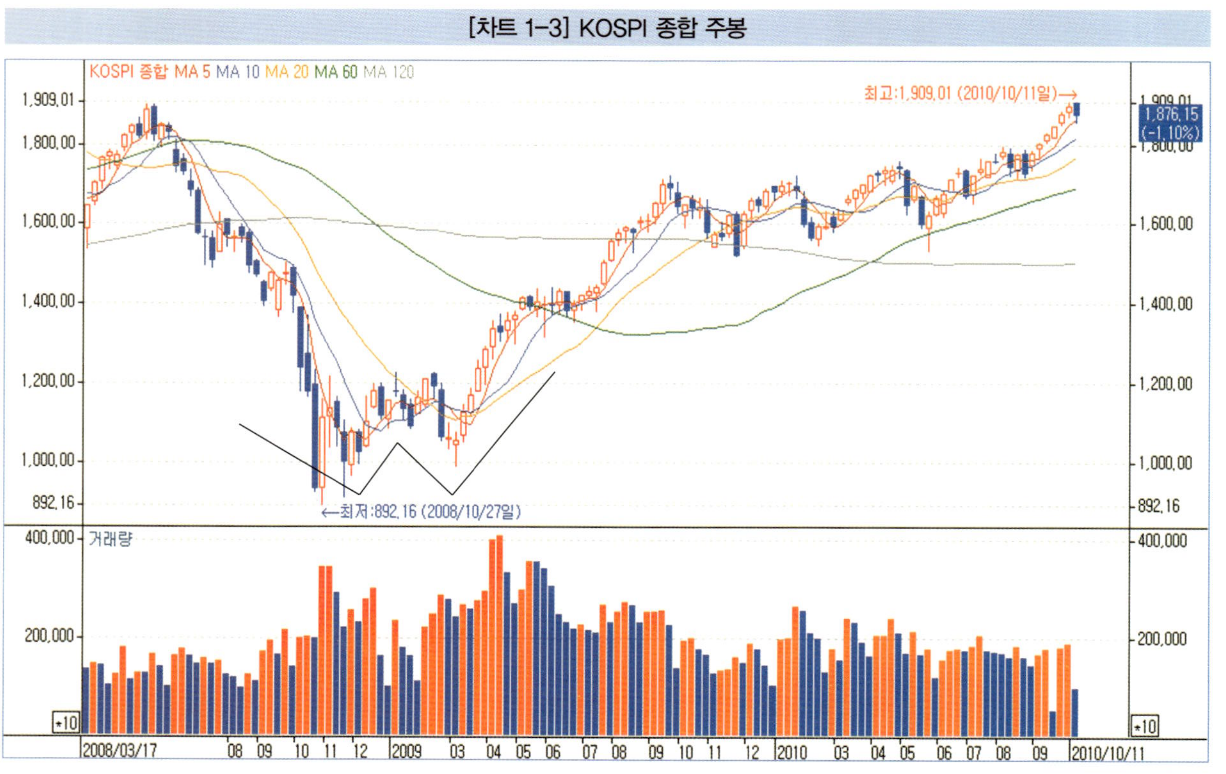

[차트 1-3]의 경우는 '역(逆)이봉바닥' 또는 '더블바닥' 이라 불리는 패턴으로, 최저가를 두 번 기록한 후 상승으로 반전된 경우인데 아마도 이 바닥세에서 매수한 투자자들은 많지 않을 것이다. 왜냐하면 어느 수준까지 하락하게 될지 예측하기 어려운 하락세를 무려 4개월간이나 반복했기 때문이다.

그러나 2008년 하반기에서 2009년 상반기 주가 움직임이 최저지수 900선대에서 1200선대까지 상승하는가 싶더니 단시일에 다시 900선으로 하락한 뒤, 또다시 반전하여 이후 가파른 상승세를 보였다.

투자자들이 가장 두려워하는 것이 바로 이와 같은 움직임을 보이는 주가일 것이다. 차트를 보면서 이론적으로 돈을 번다는 일이 결코 쉽지 않음을 알게 해주는 경우라고 할 수 있다. 그러나 이 사례에서 투자자들이 유념하여 보아야 할 부분, 즉 차트가 중요한 의미를 갖는 부분은 900선에서 하락이 멈췄다는 사실이다.

즉 다시 이 수준까지 하락한다면 많은 사람들이 주가가 바닥세에 달했다고 생각하고 매수를 서두르기 시작할 것이라는 점을 예측할 수 있다는 점이다. 바로 이 점이 차트를 보고 투자할 때의 장점으로써 매수 후에는 매수가보다 주가가 올라주기만을 기다리면 된다.

4

주가차트는 고수익 창출을 위한 도구이다

주식시장이 호황을 이루게 되면 주가를 나타내는 전광판 앞에 많은 사람들이 운집하는 광경을 볼 수 있다. 사람에 따라서는 하루 종일 증권회사에 앉아 시시각각으로 변화하는 주가를 지켜보기도 한다.

그러나 주가차트를 보면 알 수 있듯이 주가라는 것은 상승경향(상승추세)에 있든 하락경향(하락추세)에 있든 상승만을 계속한다거나 하락만을 계속하는 경우는 드물다.

올랐다가 떨어지고 떨어졌다가 다시 오르는 것이 바로 주가의

[차트 1-4] 삼성전자 주봉

삼성전자 MA 5 MA 10 MA 20 MA 60 MA 120
최고:875,000 (2010/04/05일)
←최저:403,000 (2008/10/27일)
744,000 (-1.85%)
875,000
800,000
720,000
640,000
560,000
480,000
403,000
거래량
400,000
200,000
×10
2008/03/17
08
09
10
11
12
2009
03
04
05
06
07
08
09
10
11
12
2010
03
04
05
06
07
08
09
2010/10/11

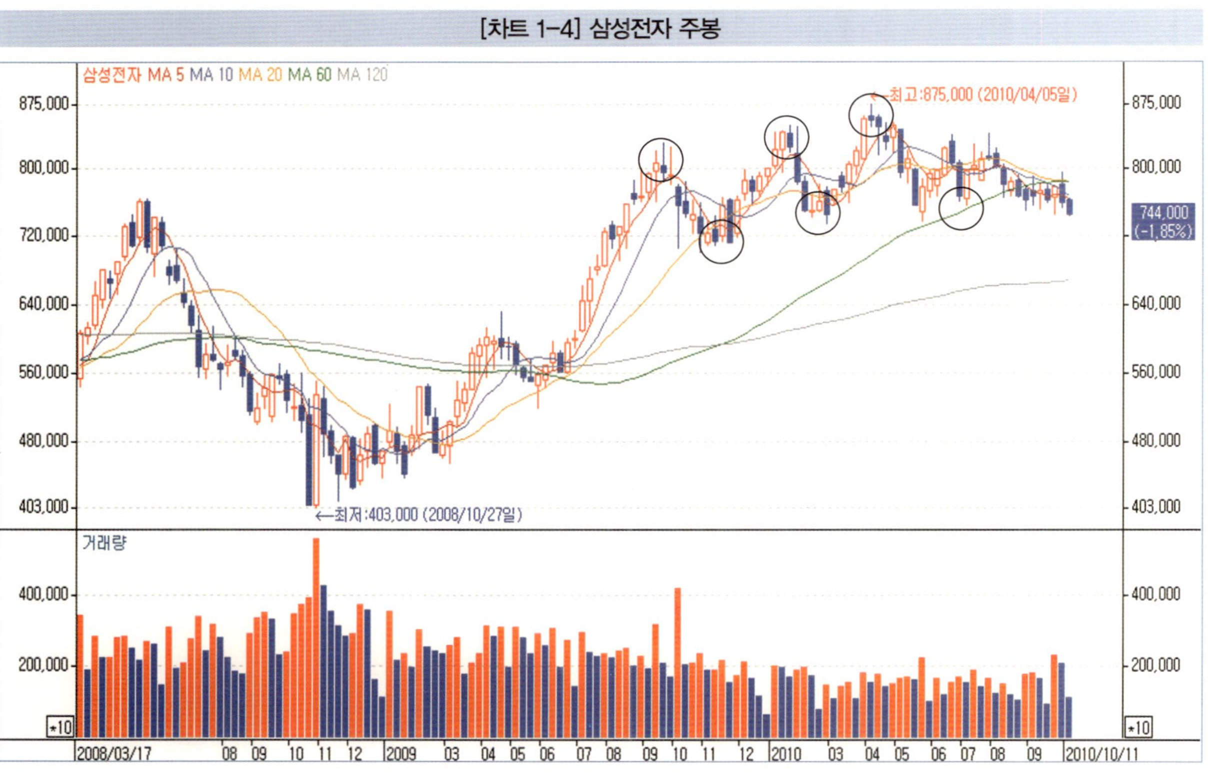

속성이다. 이처럼 주가는 상승과 하락을 반복하면서 어느 한 방향으로 진행하게 되는 것이며, 우리는 이러한 방향을 주가차트를 이용해서 예측하고 판단하는 것이다.

전체적으로 상승경향에 있는 경우라면 도중에 발생하는 소폭의 하락은 무시해도 좋다. 곧 반전하여 강한 상승력을 띄고 오르게 되기 때문이다.

따라서 매일의 주가 또는 시시각각으로 변화하는 주가를 지켜보며 일희일비하는 것은 건강만 해칠 뿐 주식운용 측면에 있어서는 전혀 도움이 되지 않으니 지양하기 바란다.

[차트 1-4]의 삼성전자를 살펴보자. 장기간 경향을 파악하면서 주가를 읽어나가다 보면 하나의 패턴이 머릿속에 들어오게 될 것이다.

즉, 80만 원 이상에서 주식을 매수하는 것은 매우 현명하지 못한 행동이며, 반대로 75만 원 이하에서 서둘러 주식을 매도하는 것도 올바른 행동이라고 볼 수 없다.

이와 같이 주가차트는 1개월 또는 2개월 정도의 단기 경향보다는 6개월에서 1~2년 정도의 장기적 경향을 보는 것이 알기 쉽고 편리하며 많은 도움이 된다.

2장

주가차트 읽는 법

Stock

천장권의 호재는 팔고 바닥권의 악재는 사라!

1
주가차트는 가능한 한 거시적으로 보라

주식투자를 하는 사람이 가장 이해하기 쉽고 가장 접근하기 쉬운 것이 그 회사의 실적이다.

대부분의 투자자들이 "앞으로 ○○이유로 인해 이 회사의 실적이 좋아질 전망이므로 이 회사의 주식을 사보자" 라는 식으로 주식투자에 접근한다는 것이다.

여기서의 ○○이유에는 다음과 같은 것들을 들 수 있다.

• 환율의 수혜

- 반도체 가격의 호전

- 원유가 하락

- 원화시세의 안정

- 금리의 인하

- 대형 프로젝트의 착공

- 정부의 부동산 대책

- 신약개발

증권회사의 영업사원들에게서 이러한 종류의 정보를 들으면 대부분의 사람들은 솔깃해져 주식을 매수하게 된다. 그러나 기억해야 할 일은 먼저 차트를 분석해 보고 주가가 지금 어느 위치

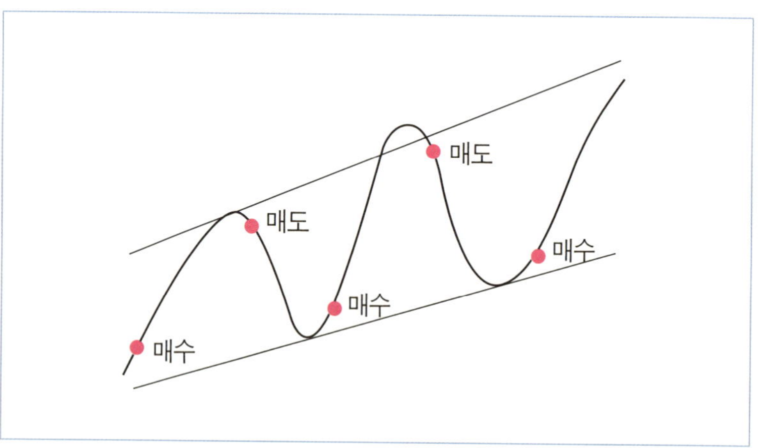

[그림 2-1] 차트는 거시적으로 보라

에 있는가를 판단한 후에 주식을 매수해도 절대 늦지 않다는 점
이다.

증권회사의 영업사원이 매수를 권할 때는 대부분 거래량이 급
증하고 천장가를 기록하기 직전일 때가 많다.

만약 주가차트를 보면서 주식을 매수하는 사람이라면, 매수하
기에 앞서 관심종목의 차트를 분석하며 ‘지금 매수하기에는 주가
가 너무 올랐다’, ‘아직 더 오를 여지가 있다’, ‘앞으로가 재미있
겠다’ 라는 등의 판단을 하게 될 것이다.

2

'삼단고하(三段高下)의 법칙'을 알아두자

주가란 원래 아무리 인기 있는 종목이라 할지라도 그 상승에 한계가 있기 마련이다. 따라서 'hop-step-jump'의 3단계에 걸쳐 무서운 기세로 상승을 계속 하다가도 어느 수준에 이르면 상승력을 잃고 급락으로 전환되는 것이 보통이다.

이러한 현상을 '3단상승' '3단하강' 이라고 부르는데 대부분의 경우 상승기간은 길고 하락기간은 짧은 것이 보통이다.

따라서 자기가 매수하고 싶은 혹은 매도하고 싶은 종목이 있다면, 주가가 현재 어느 위치에 있는가를 이 '삼단고하(三段高下)

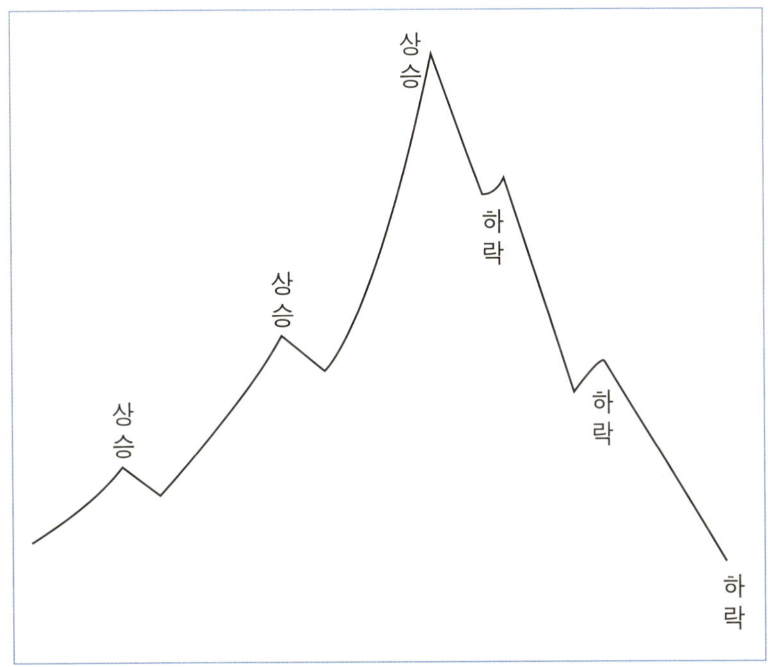

[그림 2-2] 삼단상승 · 삼단하락

의 법칙'에 입각하여 알아둘 필요가 있다.

[차트 2-1]의 CJ를 살펴보자. 3단에 걸친 상승파동을 보인 후 하락파동 또한 가파르게 진행되고 있다. 첫 번째 하락 후 반등에 성공한 모습이 보이며, 현재 두 번째 하락이 진행 중이다.

따라서 하락으로 전환된 주식을 재빨리 처분하지 않는다면 모처럼 차익을 얻었다 해도 순식간에 차익매도할 기회를 잃을 수도 있음을 명심하자.

[차트 2-1] CJ 일봉

CJ MA 5 MA 10 MA 20 MA 60 MA 120
←최고:97,600 (2010/09/02일)
81,100 (-3.80%)
←최저:56,100 (2010/07/06일)
거래량

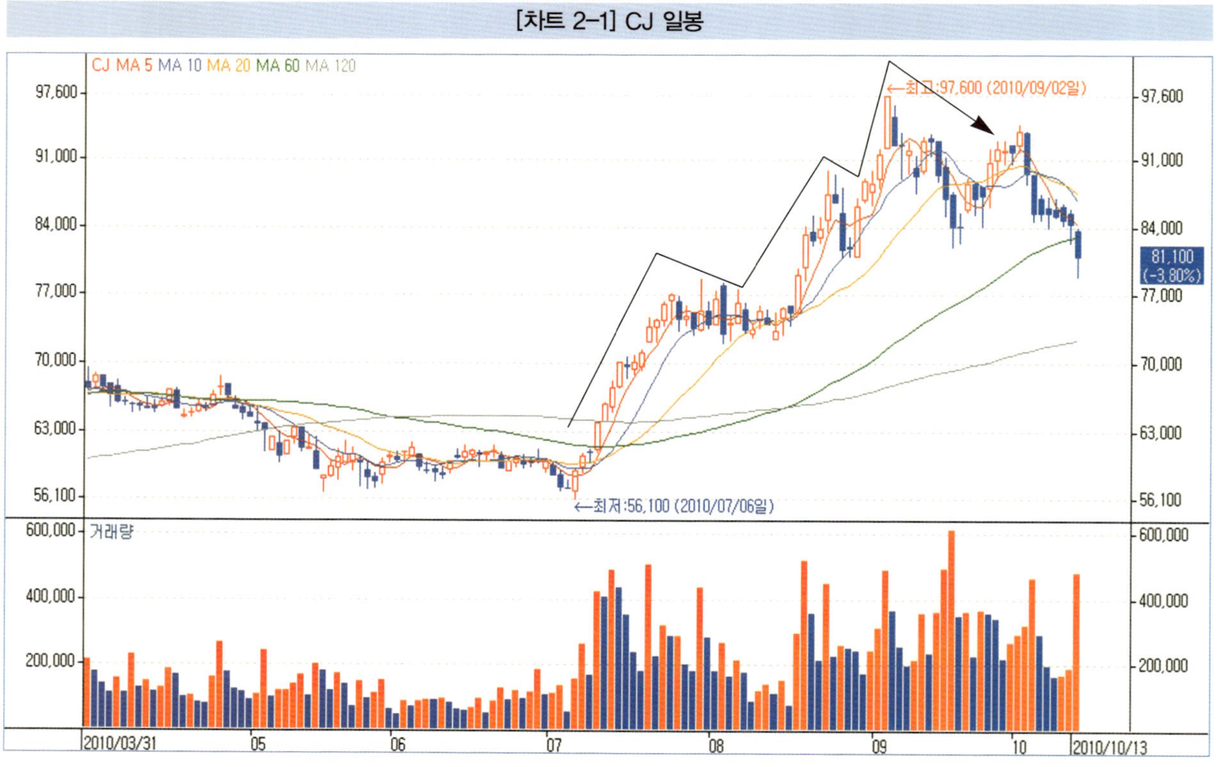

3

왕래파동형 차트는 이해하고 실천하기 쉽다

차트 중에서 가장 이해하기 쉬운 것이 [그림 2-3]과 같은 왕래파동형 차트이다. 이는 일정한 범위 내에서 일정한 기간마다 상승, 하락을 반복하는 유형을 말한다.

상승과 하락의 구간이 거의 일정하기 때문에 저가라인에 근접하였다가 반전하여 상승하기 시작한 시점에서 매수하고, 고가라인에서 약간 떨어지기 시작했을 때 매도하게 되면 이익의 폭은 적더라도 반드시 차익을 실현할 수 있다.

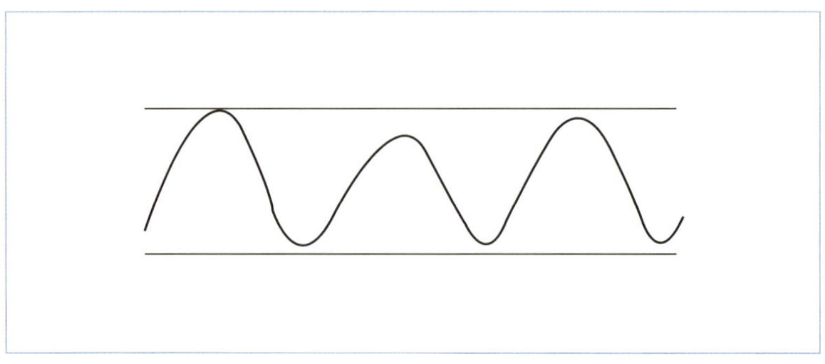

[그림 2-3] 왕래파동형 차트

이와 같은 형태를 띄는 주식을 잘 개발한다면, 연 2회 정도만 매매하더라도 연리 20%, 잘하면 30~40%의 이익도 올릴 수 있기 때문에 예금이나 적금보다 훨씬 유리하다.

화려한 인기주에 뛰어들기보다는 이처럼 착실한 주식으로 승부를 거는 것도 필요한 전술이라 할 수 있으며 의외로 그 성과가 매우 크다.

[차트 2-2]의 삼성전자를 보면, 2009년 8월부터 전형적인 왕래파동에 들어갔음을 볼 수 있다.

이 경우 저가 75만 원에서 고가 80만 원 사이의 5만 원 폭으로 움직이는 모습이다. 따라서 이러한 종류의 차트를 몇 개 찾아내서 이익의 근원으로 삼는 것도 재미있는 전법의 하나라 하겠다.

다만 이 투자법은 견실한 투자법이므로 성격이 급한 사람에게

[차트 2-2] 삼성전자 주봉

삼성전자 MA 5 MA 10 MA 20 MA 60 MA 120
←최고:875,000 (2010/04/05일)
744,000 (-1.85%)
←최저:403,000 (2008/10/27일)
거래량

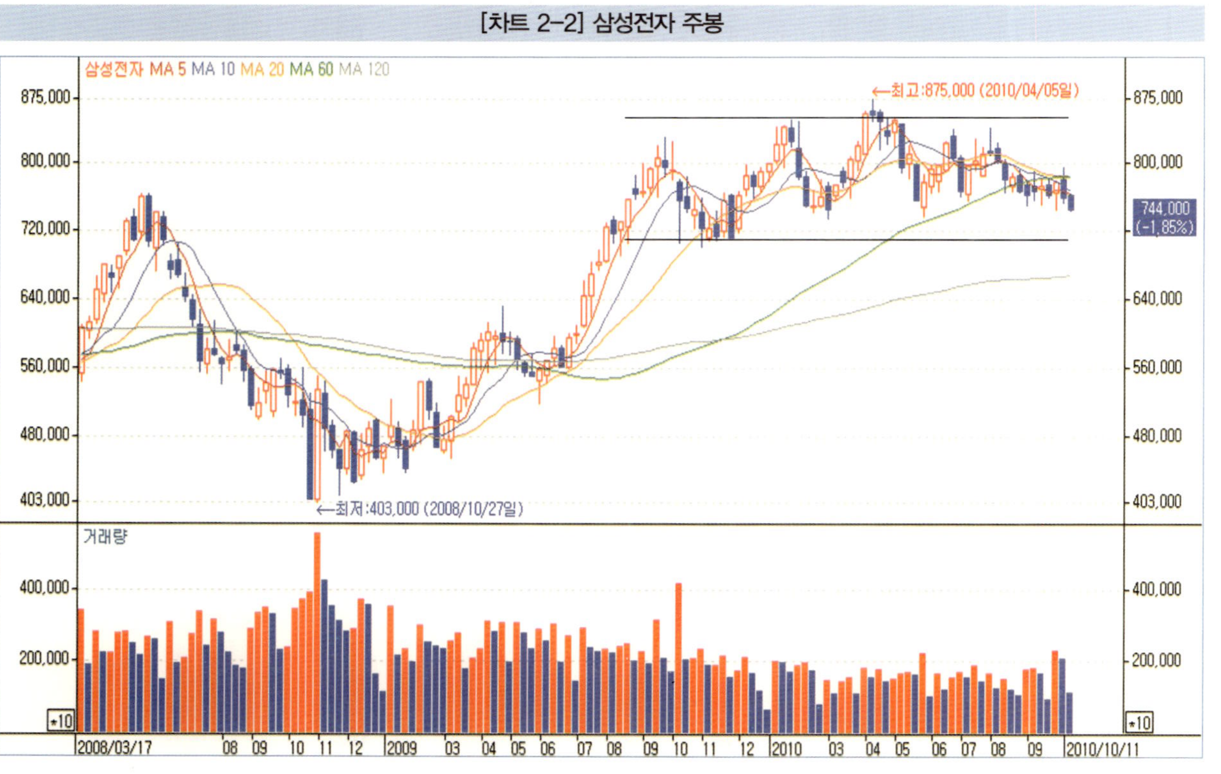

는 맞지 않는다. 느긋하게 기다리지 못하고 움직임이 화려한 종목으로 금방 옮겨가는 사람들에게 이와 같은 차분한 방법으로 이익을 올리라는 것은 애초부터 잘못된 요구라 하겠다.

4

최고가를 갱신하는 상승파를 타라

경제전문지나 일간지의 증권란을 보면 '최고가를 갱신하는 종목을 노려라' 라는 말이 가끔 나온다. 이는 오랫동안 일정한 범위 내에서 오르락내리락하던 주가가 기업 실적의 급상승이나 업계를 둘러싼 환경의 호전 등에 힘입어 이전에 기록했던 최고가를 가뿐히 돌파하는 경우에 나타난다.

이 경우는 [그림 2-4]와 같은 파동을 취하며 신고가를 기록한 B시점이 '매수신호' 가 된다.

물론 주가가 쌀 때 사려고 생각했던 투자자에게는 신고가에서

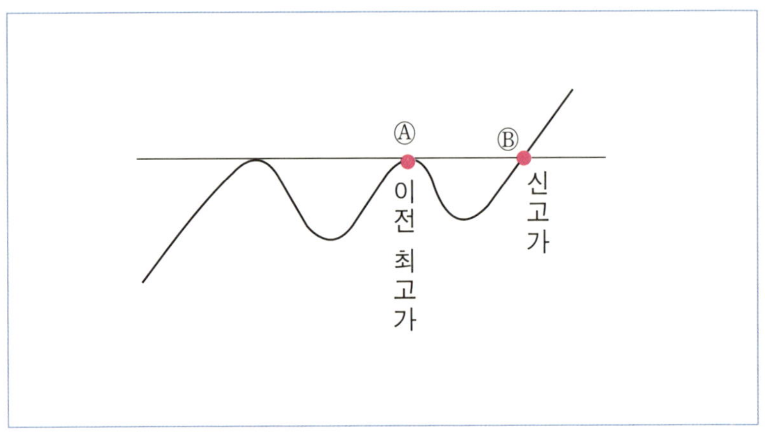

[그림 2-4] 신고가 매수신호

주식을 매수하라는 말은 상상하기 힘든 일인지도 모른다. 그러나 실적이 뒷받침되는 종목의 경우에는 의외로 신고가 갱신 후에도 상승경향을 이어가는 차트 모양이 많이 목격된다.

[차트 2-3]의 삼영화학을 보면 알 수 있듯이, 이전의 최고가인 13,000원대에서 일시에 신고가를 기록한 후 일시적인 하락세를 보이다가 다시 23,000원까지 대폭적으로 상승했다.

따라서 13,000원의 신고가 시점에서 매수했다 하더라도 불과 6개월 동안에 10,000원의 이익, 수익률로 따지자면 75%가 넘는 이익을 올릴 수 있는 것이다.

[차트 2-3] 삼영화학 주봉

삼영화학 MA 5 MA 10 MA 20 MA 60 MA 120
최고:23,500 (2010/07/12일)→
21,350 (-2.51%)
←최저:3,530 (2008/10/27일)
거래량
23,500
20,000
16,000
12,000
8,000
3,530
900,000
600,000
300,000
2008/03/17
08
09
10
11
12
2009
03
04
05
06
07
08
09
10
11
12
2010
03
04
05
06
07
08
09
2010/10/11

5
이전 최저가를 하향돌파하면 단념 매도하라

주식투자에서 효율적으로 돈을 버는 것도 중요하지만 돈을 잃지 않는 방법을 배우는 것 또한 매우 중요하다. [그림 2-5]와 같이 주가가 예상을 뒤엎고 크게 하락하기 시작하면 손해를 보더라도 재빨리 매도해야 한다.

이 경우 매도신호는 이전의 최저가인 A를 하향돌파한 B시점으로, 이는 파동이 하강경향으로 진입하고 있음을 나타내는 신호이므로 매도 타이밍을 빨리 잡아야 한다.

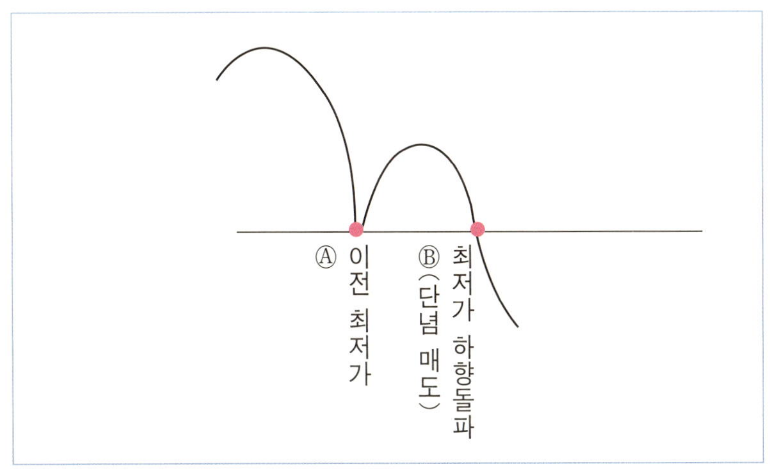

[그림 2-5] 최저가 매도신호

주가라는 것이 일단 하락으로 방향을 잡게 되면 다시 상승경향으로 반전하기까지 빠르면 1년, 길게는 2~3년 정도 소요되기 때문에 자칫 매도 타이밍을 놓쳐 자금을 장기간 썩히기보다는 다소 손해를 보더라도 단념하고 매도하여 다른 상승파동의 종목으로 갈아타는 것이 효율적인 주식투자법이라 하겠다.

[차트 2-4]의 동화약품을 구체적인 예로 들 수 있다.

2010년 1월 6,500원을 하향돌파한 시점이 매도신호가 된다. 주가는 그 후 하락을 계속하면서 5,000원대까지 떨어져서 오랫동안 엎치락뒤치락하며 하락세를 면치 못하고 있다.

이러한 종류의 주식을 장기간 보유하게 되는 투자자를 보면, 지금 손해를 보고 파느니 시간이 조금 걸리더라도 주가가 오를

[차트 2-4] 동화약품 주봉

동화약품 MA 5 MA 10 MA 20 MA 60 MA 120
←최고:13,720 (2008/05/06일)
←최저:3,560 (2008/10/27일)
5,370 (-2.72%)
거래량
2008/03/17
2009
2010
2010/10/11

때까지 기다리겠다는 지나친 욕심과 고집 때문에 매도 타이밍을 놓쳤기 때문인 경우가 많다. 만약 차트에 대한 지식이 있는 사람이라면 이러한 실패를 범하여 자금을 잠재우는 일은 결코 없을 것이다.

이런 종목을 보유하는 것은 심리적으로도 좋지 않을 뿐만 아니라 주식으로 몸을 해치는 결과를 초래할 수도 있다. 따라서 이러한 주식을 장기간 보유하는 일이 발생하지 않도록 매도에도 테크닉이 필요하다는 사실을 유념하자.

숲을 먼저 보고 나무를 보아라.
증권시장에서는 주가의 일일 변동이나 단기적인 파동만 보고 투자를 하면 시세의 큰 흐름을
놓치기 쉽다. 즉, 강물의 잔 물결만 보고 노를 저어가면 자기도 모르는 사이에 엉뚱한 곳으로
흘러내려 가고 만다. 먼저 시세의 큰 흐름과 그 배경을 이해하고 그 바탕 위에서 눈앞의 시세
를 해석해야 한다. 증권시장은 흔히 자본주의의 바로미터라고 할 정도로 정치, 경제, 사회 모
든 부문의 다양한 요인이 작용하므로 이를 종합적으로 해석할 수 있는 안목을 기르는 것이 성
공투자의 지름길이다.

3장

캔들차트의 작성법과 읽는 법

Stock

여유자금으로 투자하고 무리하지 말래!

캔들차트의 유래

Stock

주가차트의 기본이 되는 것은 1일, 1주일, 1개월간 주가의 움직임을 기록한 시세이다. 우리나라는 일반적으로 캔들차트를 사용하지만 주가차트의 종류에는 다음과 같은 것들이 있다.

- 선형 차트
- 봉형 차트
- 닻형 차트
- 캔들차트

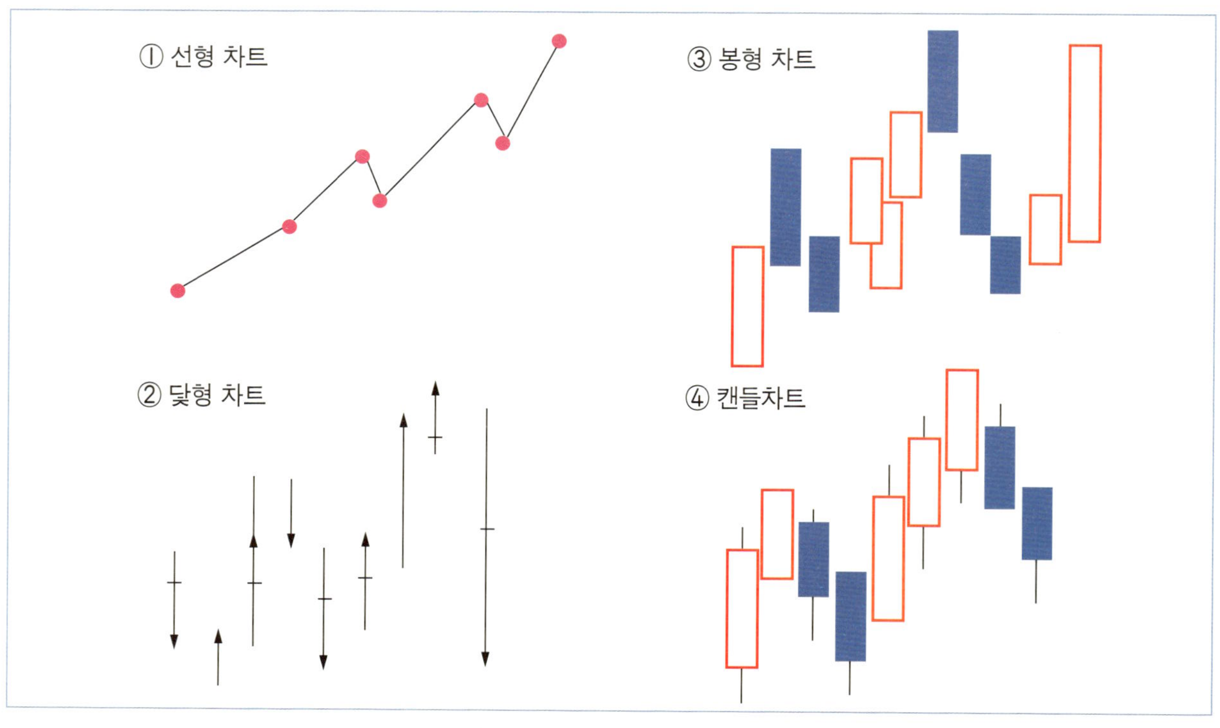

[그림 3-1] 주가차트의 종류

이러한 차트들은 일본 에도시대의 미곡시세에서 유래되었다고 한다. 기후나 사람들의 심리에 따라 격심하게 움직이는 미곡시세를 이러한 차트들이 잘 나타냈기 때문에 결국은 주가와 환시세 등에까지 응용하게 된 것이다.

시세라는 것은 미묘한 것이어서 그때그때의 수급관계나 시장의 상황, 유입되는 자금, 정치, 경제 등 내외의 환경에 의해 다양하게 움직인다.

이런 것들이 혼연일체가 되어 매수와 매도라는 균형을 토대로 주가라는 것이 형성되기 때문에 그 주가의 움직임을 분석하는 것은 곧 장래를 예측하는 커다란 실마리를 찾는 것과 같다고 하겠다.

차트의 발달과정을 보면 처음에는 그날의 '종가'만을 기입한 '선형 차트'에서 주가의 등락폭만을 기록한 '봉형 차트'로, 그리고 다시 그 움직임에 하나의 방향(상승 또는 하락)을 부여한 '닻형 차트'로 발전했다가 이것이 다시 음선(하락)과 양선(상승)의 움직임을 보다 명확히 나타내는 '캔들차트'로 발전되었다.

2

캔들차트 작성법

캔들형에는 일봉, 주봉, 월봉의 3종류가 있다. 매일매일의 주가 움직임을 확인하는 데는 일봉이 적당하고, 중기의 경향을 분석하고자 할 때에는 주봉을, 그리고 장기 사이클의 방향을 보고자 할 때에는 월봉을 이용하는 것이 좋다.

그렇다면 캔들차트가 실제로 어떻게 작성되는지 주가를 토대로 작성법에 대해 살펴보기로 하자.

다음의 예와 같이 하루의 주가가 형성되었다고 가정해 보자.

- 시가　　　　18,600원

- 최고가　　　19,400원

- 최저가　　　18,400원

- 종가　　　　18,800원

이를 캔들형으로 작성하면 [그림 3-2]와 같이 나타난다.

일단 종가가 시가보다 200원 높게 끝났으므로 캔들의 몸통은 백색(혹은 적색)이 된다. 시가가 그날의 최저가라면 아랫수염이 달리지 않고 평평하겠지만 최저가가 시가보다 낮기 때문에 아랫수염이 만들어지게 된다. 또한 그날의 종가와 최고가가 같다면 윗

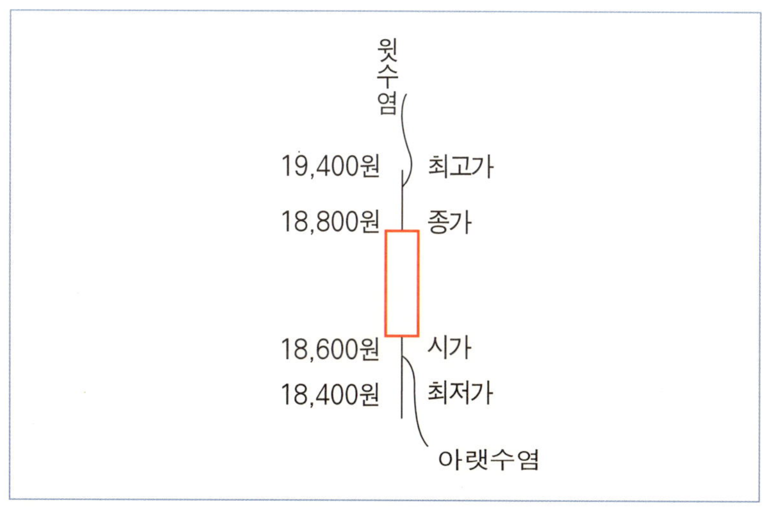

[그림 3-2] 캔들차트(양선)

수염이 만들어지지 않겠지만 최고가 19,400을 찍고 주가가 하락하면서 종가가 18,800원으로 낮아졌으므로 윗수염이 형성된다.

다음 또 다른 사례를 보자.

- 시가　　　19,800원
- 최고가　　19,800원
- 최저가　　19,500원
- 종가　　　19,600원

이를 캔들형으로 작성하면 다음과 같다.

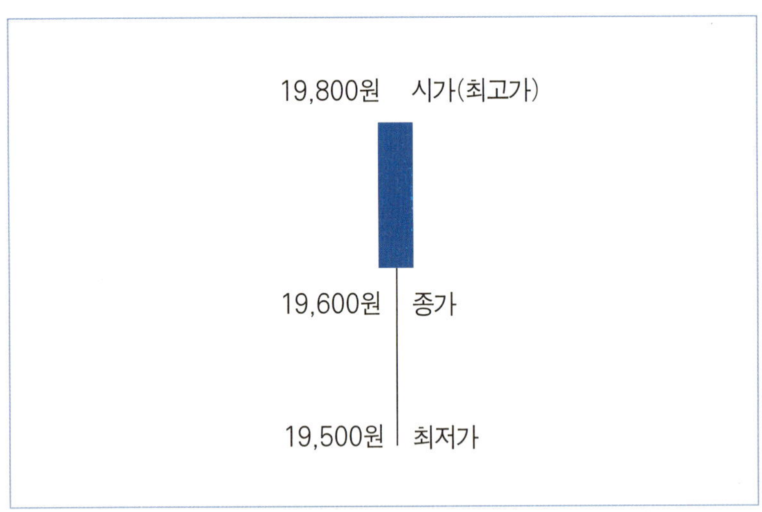

[그림 3-3] 캔들차트(음선)

　종가가 처음 시작가인 시가보다 200원 낮게 형성되었으므로 캔들의 몸통은 청색(혹은 흑색)으로 채워진다. 시가가 그날의 최고가가 되므로 윗수염이 달리지 않으며, 종가가 그날의 최저가가 아니므로 아랫수염이 달리는 모양이 만들어진다.

3

캔들차트의 종류와 그 특징

캔들형의 일봉, 주봉, 월봉차트는 아래 4종류의 주가를 토대로 작성된다.

- **시가** : 그 날 최초의 매매성립가 또는 그 주, 그 달 첫날의 매매성립가를 말함
- **종가** : 그 날 최후의 마감주가 또는 그 주, 그 달 마지막 날의 마감주가를 말함
- **최고가** : 그 날 또는 그 주, 그 달의 주가 중 가장 높았을 때의 주가

• 최저가 : 그 날 또는 그 주, 그 달의 주가 중 가장 낮았을 때의 주가

그러나 중요한 것은 작성된 캔들차트 그 자체가 아니라 각각의 차트가 나타내는 의미를 파악해야 한다는 점이다. 왜냐하면 그 형태 속에 주가의 강약이라든가 방향성 등이 감춰져 있기 때문이다.

그러면 우선 캔들형의 종류에 대해 살펴보기로 하자.

음선과 양선

캔들형은 우선 음선과 양선으로 나눌 수 있다.

[그림 3-4] a

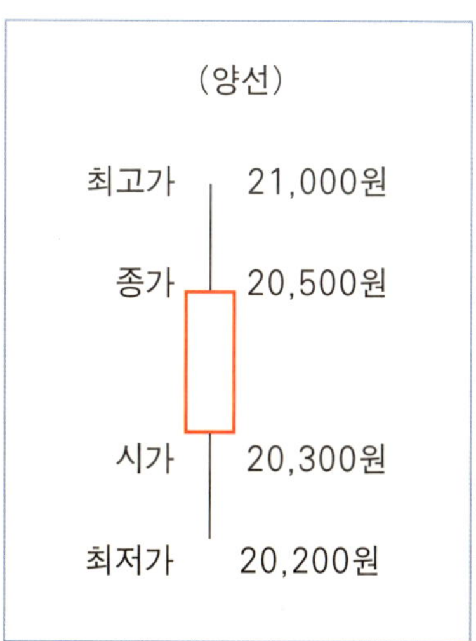

[그림 3-4] b

음선이라는 것은 '시가' 보다 '종가' 가 더 낮은 경우이며 캔들의 몸통은 청색(혹은 흑색)이 된다([그림 3-4] a). 차트의 위치가 전일보다 높다 하더라도 시가 혹은 시가보다 높은 가격대에서는 매도하겠다는 사람들이 많아 주가가 밀린 경우이므로 매도압박이 강하다는 것을 의미한다.

반면 '시가' 보다 '종가' 가 더 높은 경우를 양선이라 하며 캔들의 몸통은 백색(혹은 적색)이 된다([그림 3-4] b). 이는 주가가 더 상승할 것을 예상하는 사람들이 많아 시가보다 높은 가격대라도

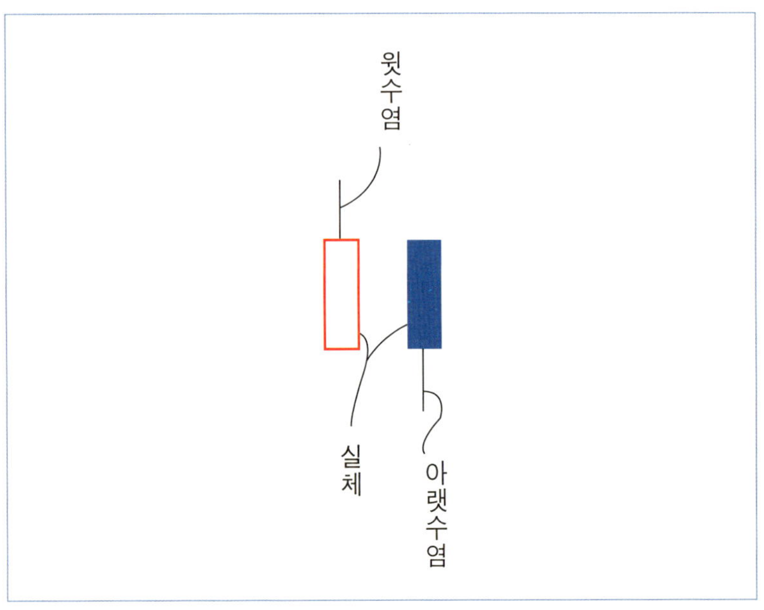

[그림 3-4] c

사겠다는 매수세가 팔겠다는 매도압박보다 강하다는 것을 의미하기 때문에 장차 주가상승을 암시한다고 볼 수 있다.

캔들이 음선이든 양선이든 상관없이 그 두터운 부분을 '실체(實體)'라 하며, 위아래 가는 선을 '수염'이라고 한다. 이 수염은 위에 붙으면 윗수염, 아래에 붙으면 아랫수염이 된다([그림 3-4] c).

시종동일선(始終同一線)

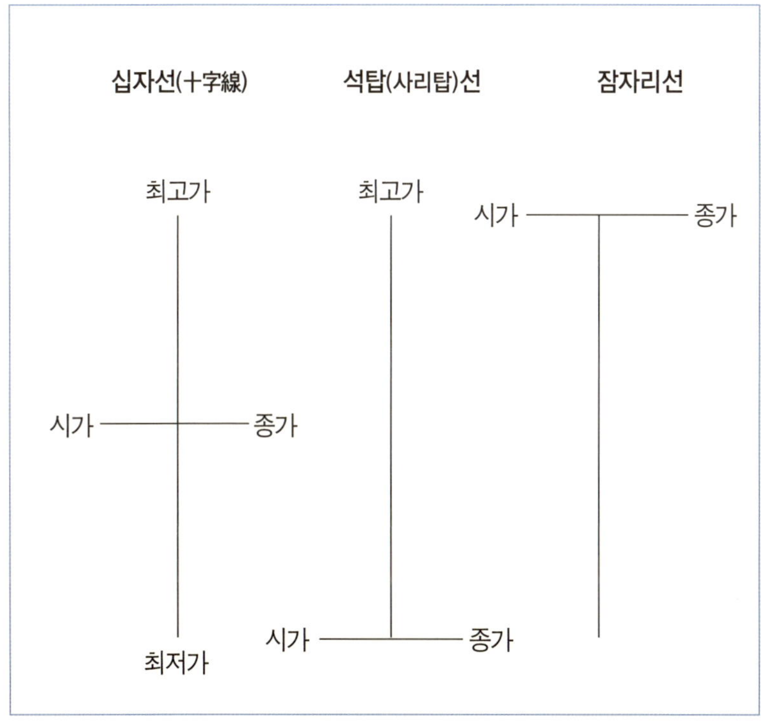

[그림 3-5]

지금까지 캔들형의 종류와 그 명칭에 대해 설명했다.

그런데 경우에 따라서는 주가의 시가와 종가가 동일할 때가 있다. 이러한 경우에는 캔들차트를 그린다 해도 캔들 모양이 되지 않는다.

이와 같이 시가와 종가가 같은 경우를 '시종동일선'이라고 부르며, 그 형태에 따라 그림과 같이 여러 가지 별명을 붙이고 있다 ([그림 3-5]).

그러나 이러한 형태의 시종동일선은 그다지 자주 나타나지 않으며 차트 중간에 이 선이 출현하면 주가가 상승 또는 하락으로 반전되는 전환기인 경우가 많다.

4
양선의 종류와 그 성질

같은 양선이라도 형태가 조금씩 다르며 나름대로 각각 다른 의미를 가진다. 다시 말해 양선의 종류에 따라 그 내부의 매수세 및 매도세의 미묘한 심리를 읽을 수 있으며, 주가의 방향성을 예측할 수 있는 의미가 내포되어 있다는 뜻이다.

캔들의 몸통 부분에 해당되는 실체를 대양선이라 부르는데 실체에 붙는 윗수염과 아랫수염의 모양에 따라 의미가 다르다.

무수염 대양선(수염 없는 대양선)

대양선 중에서도 가장 상승 파워가 강한 선이다([그림 3-6] a). 이러한 양선 중에서 특히 긴 대양선이 저가권에서 출현하면 주가가 크게 상승할 가능성이 있으며, 하나의 전환기가 된다.

무윗수염 대양선(윗수염 없는 대양선)

이것도 대양선으로는 '무수염' 다음으로 강한 캔들형이다([그림 3-6] b). 윗수염은 없지만 아랫수염이 있는 양선으로 주가가 떨어져도 곧 끌어올리는 매수세가 강해 전환기에 있는 주식이라면 상승으로 반전할 것이라는 주가의 상승을 암시한다.

따라서 이러한 종류의 캔들형이 출현하면 앞으로 주가상승을

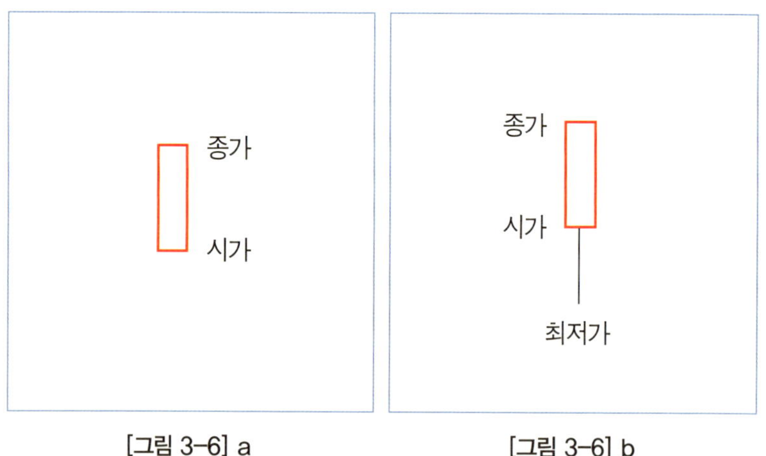

[그림 3-6] a   [그림 3-6] b

예상해 볼 수 있겠다.

무아랫수염 대양선(아랫수염 없는 대양선)

이 경우도 양선 중에서는 비교적 강한 편이라 하겠다([그림 3-7] a). 그러나 윗수염이 있다는 것은 주가가 위로 상승하려고 할 때마다 매도압박(매도하려는 사람이 많은 것)이 나타난다는 것을 의미한다.

만일 주가가 상당히 상승한 종목에서 이 윗수염을 단 무아랫수염 양선이 나타난다면 반락(상승에서 하락으로 전환하는 것)이 시작할 가능성이 있으므로 슬슬 매도 타이밍을 생각할 필요가 있다.

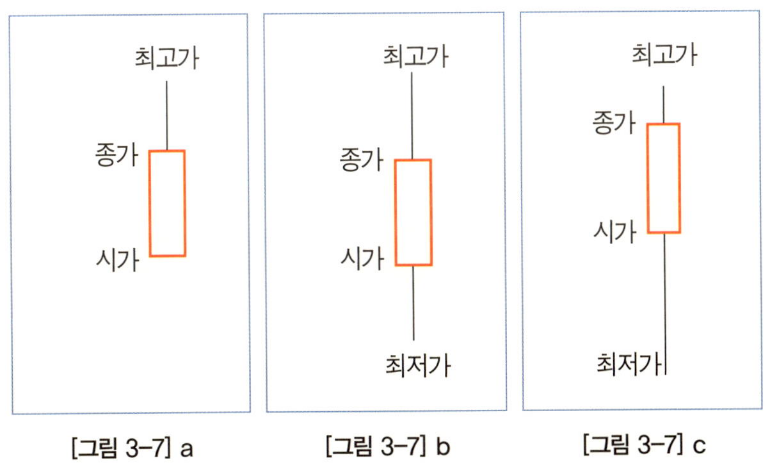

[그림 3-7] a   [그림 3-7] b   [그림 3-7] c

양수염 대양선

윗수염과 아랫수염을 모두 달고 있는 대양선으로 특별한 명칭
은 없다([그림 3-7] b). 아랫수염이 있음에도 불구하고 주가가 더
욱 상승하는 점을 보면 상승지향(상승하려는 움직임)이 강함을 알
수 있다.

물론 윗수염이 있기 때문에 고가에서도 매도압박이 있으나 이
는 아랫수염과의 균형을 유지하기 위한 것으로 문제가 되지 않는
다. 만약 이 대양선이 [그림 3-7] c의 그림과 같이 윗수염이 짧고
아랫수염이 길어지면 더욱 강한 선이 된다.

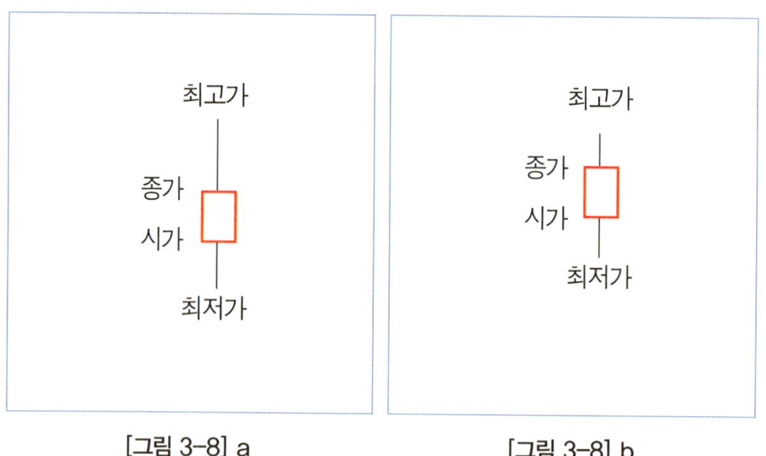

[그림 3-8] a   [그림 3-8] b

소양선

수염의 길이에 비해 실체 부분이 작은 경우를 소양선이라고 한다([그림 3-8] a). 이는 강보합을 나타내는 강한 선으로서 조금씩 상승할 가능성을 내포한다. 양선의 실체가 더욱 작아지면 그 형태가 마치 팽이와 같다고 하여 '팽이형'이라고 부르며([그림 3-8] b), 위로 상승할 것인가 아래로 하락할 것인가를 방황하는 방황선이라고 할 수 있다.

윗수염 소양선

이 캔들형의 특징은 윗수염이 길게 형성된 경우로, 주가가 오를 때마다 매도압박이 거세져 더 이상 상승하지 못하고 있음을 의미한다([그림 3-9] a). 매수가 적은 반면 차익획득을 위한 매도심리가 우선하고 있음을 나타내기 때문에 이러한 형태의 선이 출현하면 천장이 가까워졌음을 암시한다.

아랫수염 소양선

이는 아랫수염을 길게 단 경우로, 가격이 내려가면 매수하겠다는 움직임이 강하게 나타나기 때문에 형성되는 차트이다([그림 3-9] b). 주가차트의 저가권에서 이 선이 나타나면 상승으로 전환할 가능성이 높다고 볼 수 있다.

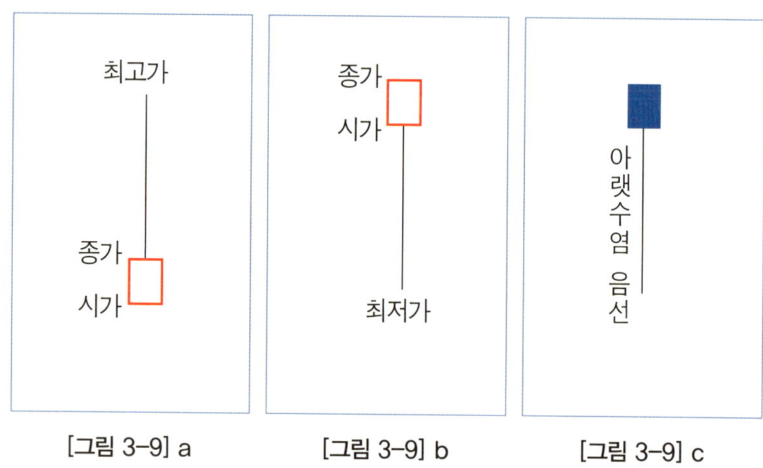

　반면 고가권에서 나타나면 더 이상 상승할 마음이 없다는 움직임으로 해석할 수 있으므로 더 높은 주가가 형성될 가능성은 희박하다. 따라서 고가권에서 출현시에는 매도신호로 보는 것이 좋다.

　이는 그 형태가 종이우산과 비슷하다고 하여 '지우산'이라는 별명을 갖고 있으며 같은 형태의 음선 즉 '아랫수염 음선'의 경우도 이와 똑같은 해석을 할 수 있다([그림 3-9] c).

　다음 [차트 3-1]의 삼성정밀화학 주봉차트를 통해 앞서 배운 양선의 종류와 의미를 되새겨 보자.

[차트 3-1] 삼성정밀화학 주봉
삼성정밀화학 MA 5 MA 10 MA 20 MA 60 MA 120
최고:71,700 (2010/05/17일)→
←최저:25,000 (2008/10/27일)
60,500 (-1.47%)
71,700
64,000
56,000
48,000
40,000
32,000
25,000
거래량
400,000
200,000
2008/03/17
08
09
10
11
12
2009
03
04
05
06
07
08
09
10
11
12
2010
03
04
05
06
07
08
09
2010/10/11

5

음선의 종류와 그 성질

이번에는 음선 즉 시가보다 종가가 낮은 경우를 살펴보기로 하자. 여기서 주의해야 할 것은 음선이라고 해서 반드시 주가에 마이너스가 되는 것은 아니라는 점이다.

음선이 되는 이유는 그 날 최초 매매성립 시에는 매수가 많아 주가가 높게 시작되었지만 장이 마감되면서 형성된 종가는 매도 압박이 강해 주가가 떨어졌기 때문이다. 시가가 높다는 것은 그만큼 매수세도 강하다는 것을 의미하므로 음선인 경우라도 앞으로의 주가 상승을 암시할 때가 있다는 점을 알아둘 필요가 있다.

그 날 거래에서 주가가 시작부터 계속 하락할 때 나타나는 선이 바로 이 대음선이다. 더 낮은 가격이라도 팔겠다는 매도압박이 강할 때 이런 형태의 음선이 출현하는 것이다([그림 3-10] a).

이 대음선은 주가의 상승에너지가 가장 약한 선으로 특히 천장권에서 이 대음선이 출현하면 주가가 하락으로 반전된다는 전환신호이므로 매도를 서두르지 않으면 모처럼 차익을 얻을 수 있는 주식도 그만 물거품이 되고 만다.

무아랫수염 대음선(아랫수염 없는 대음선)

이는 높은 시가로 시작되어 그 후에도 높은 주가를 유지했으

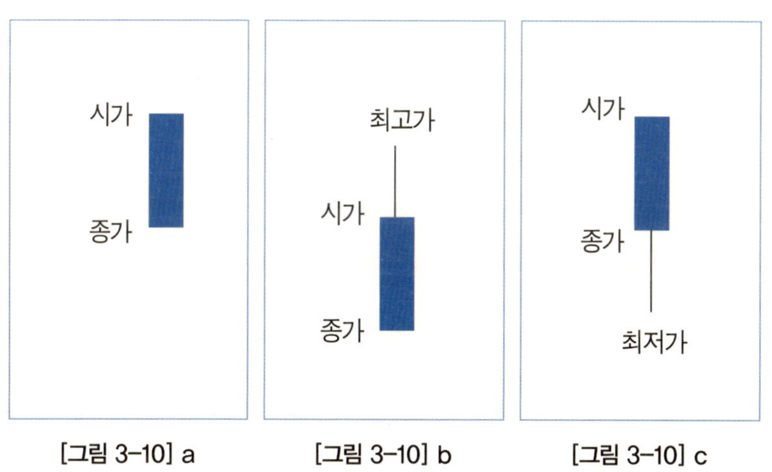

[그림 3-10] a   [그림 3-10] b   [그림 3-10] c

나 매도에 눌려 낮게 끝났음을 나타내며 무수염 음선 다음으로
약한 선이다([그림 3-10] b). 이미 주가에는 상승파워가 사라졌고
이식매도나 차익매도를 위한 움직임이 많아지고 있음을 의미하
므로, 고가권에서 나타난다면 반락의 위험성이 있다.

무윗수염 대음선(윗수염 없는 대음선)

이는 시가보다 종가가 낮은 경우로, 처음 형성된 시가보다 주
가가 더 낮아질 때에만 매수세가 나타난다는 것을 아랫수염으로
알 수 있다([그림 3-10] c). 이것도 대음선의 하나이다.

이 무윗수염 음선은 주가의 신호로는 약한 선이지만 최저가에
달했다는 느낌도 있기 때문에 오랜 하락과정에서 긴 아랫수염을
단 음선이 나타나면 반대로 주가의 반발(상승으로 반전되는 것)도
예상해 볼 수 있다.

양수염 대음선

이는 최저가에서는 강한 매수 움직임을 보이기 때문에 음선임
에도 불구하고 앞으로의 상승을 암시하는 강한 선이라고 할 수
있다([그림 3-11] a). 만약 음선이라고 하여 서둘러 매도한다면 이
른바 총투매(Selling Climax)의 희생자가 되어 매도 직후 주가가
상승으로 반전하는 것을 보게 될 수도 있으니 유의해야 할 것이

다. 그러니 음선이라고 무조건 나쁘게만 생각할 필요가 없다는 사실을 명심하자.

아랫수염 소음선

아랫수염 소양선과 같이 실체는 작고 꼬리는 긴 형태의 지우산이라는 별명을 가진 음선이다([그림 3-11] b). 이는 주가의 미래를 비관적으로 판단한 투자자들이 투매하기를 기다렸다는 듯이 매수세가 유입되는 경우에 나타난다.

매도는 더 이상 없고 매수만이 있다는 것을 암시한다. 따라서 이 선이 대폭적이고 장기적인 하락 후에 나타나면 급등의 가능성이 있음을 시사한다.

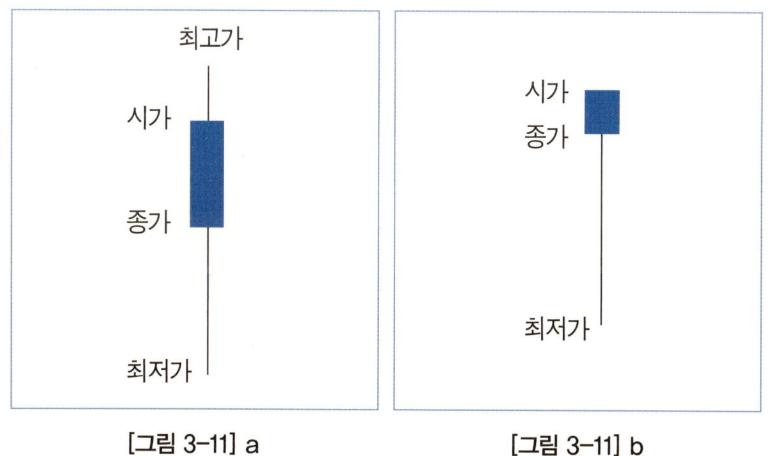

[그림 3-11] a   [그림 3-11] b

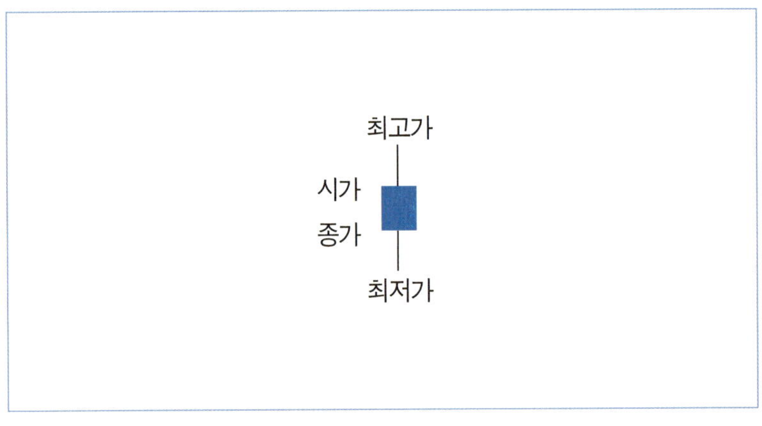

[그림 3-12]

소음선

이 캔들형은 '팽이형'이라는 별명을 갖고 있으며 소양선의 '팽이형'과 마찬가지로 주가 자체가 위로 갈 것인가 아래로 갈 것인가를 방황하고 있을 때 나타난다([그림 3-12]).

이 선이 주봉 등에 나타나면 주의하여 주가를 지켜볼 필요가 있다.

다음 [차트 3-2]의 삼성물산 주봉차트를 통해 앞서 배운 음선의 종류의 의미를 되새겨 보자.

[차트 3-2] 삼성물산 주봉

삼성물산 MA 5 MA 10 MA 20 MA 60 MA 120
←최고:79,500 (2008/04/21일)
68,900 (+1.32%)
←최저:26,850 (2008/10/27일)
거래량
2008/03/17
2010/10/11
79,500
72,000
63,000
54,000
45,000
36,000
26,850
180,000
120,000
60,000

6

시종동일선의 종류와 그 특징

시가와 종가가 같을 경우 나타나는 시종동일선에 대해 살펴보기로 하자.

십자(十字)선

시종동일선 중에서 가장 대표적인 것이 그림과 같은 '십자선'이다. 이 선이 저가권이나 고가권에서 나타나면 하나의 전환기에 들어섰음을 의미하므로 특히 유의하여 살펴야 한다.

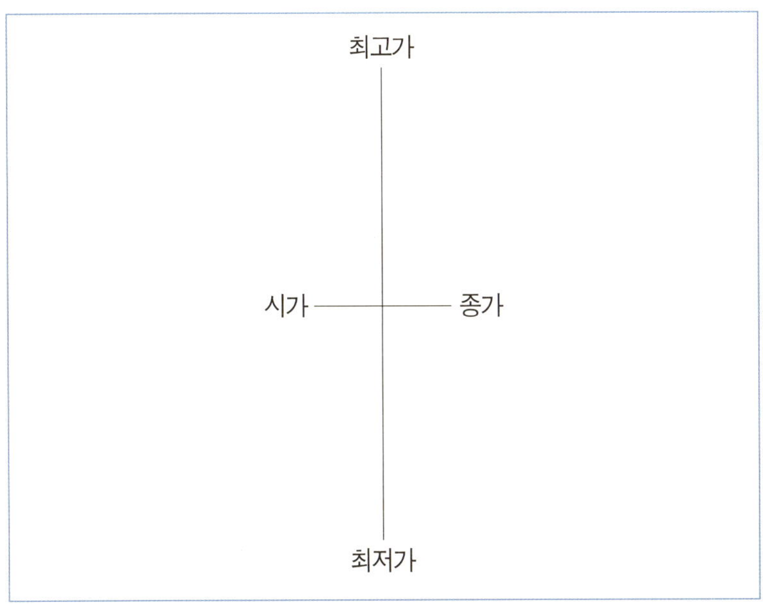

[그림 3-13] 십자선

그러면 실제로 어떻게 전환하는지 차트를 보며 생각해보기로 하자.

[차트 3-3]의 현대중공업의 주봉차트를 살펴보면 저가권에서 십자선이 나타난 후 급등하는 모습을 볼 수 있다.

이 차트를 보면, 첫 번째 십자선이 나타난 후 대양선을 그리며 계속 상승하여 단숨에 25만 원대를 돌파했음을 알 수 있다. 바닥권에서 이 같은 시종동일선이 나타나면 '매수' 찬스로 생각하는

[차트 3-3] 현대중공업 주봉

[차트 3-4] 한국내화 주봉
한국내화 MA 5 MA 10 MA 20 MA 60 MA 120
←최고 :6,450 (2009/06/08일)
←최저 :1,575 (2008/12/01일)
거래량

것이 좋다. 두 번째 십자선 역시 급락에 따른 반등이 급등으로 이어짐을 보여주고 있다.

[차트 3-4]의 한국내화의 예를 보자. 첫 번째 십자선이 바닥권에서 나타났을 때는 급등의 신호로 볼 수 있으나, 이후 고가권에서 두 번째 십자선이 나타나면서 이후 주가는 반락으로 접어드는 모습을 볼 수 있다.

이처럼 십자선이 급등한 최종국면에서 출현하게 되면 그 직후에 급락하는 경우가 많으므로 매도신호가 될 수 있다는 점을 유념해야 한다.

잠자리선

이 시종동일선은 '잠자리선'이라 불리는데 이 잠자리선 역시 주가 전환기에 등장하는 선이라 할 수 있다.

이 '잠자리선'은 위로 약간 뚫고 올라간 경우에도 동일하게 주가가 전환기에 있음을 의미한다.

[차트 3-5]에서 볼 수 있듯이 이 잠자리선도 급등신호임을 알 수 있다. 이처럼 차트를 자세히 살펴보면 이후 시세의 강약을 예측할 수가 있다.

[차트 3-5] 새한미디어 주봉

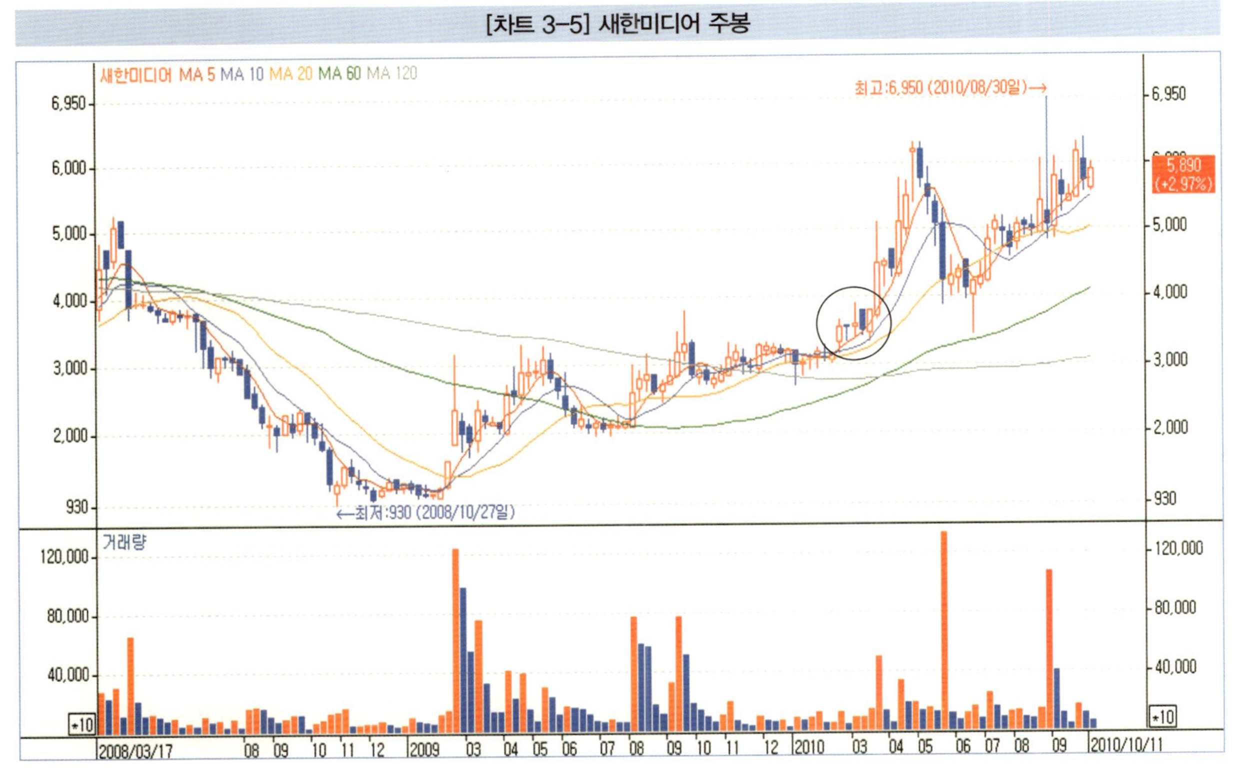

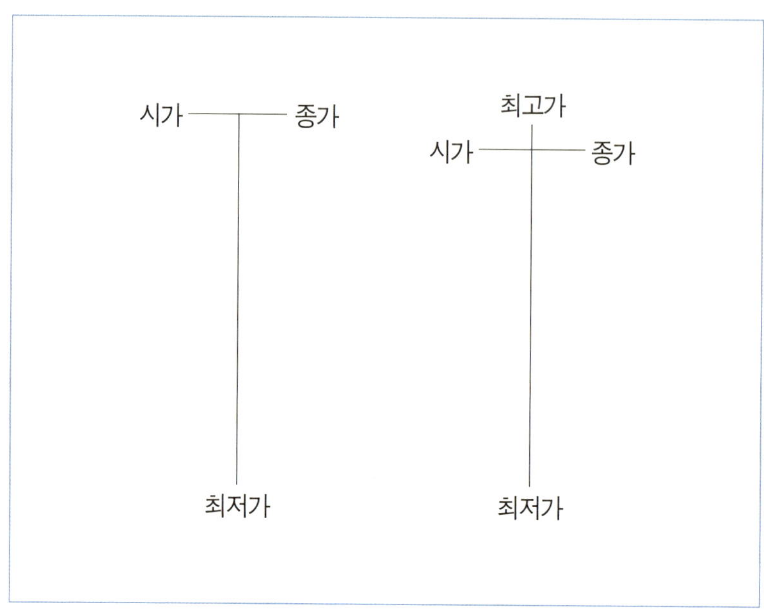

[그림 3-14] 잠자리선

석탑(사리탑)선

이 석탑선이 고가권에서 출현하면 하나의 시세가 종료되었음을 의미한다. 왜냐하면 최고가가 형성되었음에도 불구하고 매도압박이 강하여 결국은 같은 가격으로 끝났기 때문이다.

그러나 이 선 역시 차트의 어느 위치에서 출현하느냐에 따라 그 판단이 다를 수 있다. 어쩌면 상승직전의 조정국면이 될지도 모르고, 혹은 하락의 계기가 될 수도 있으므로 주의해서 볼 필요가 있다.

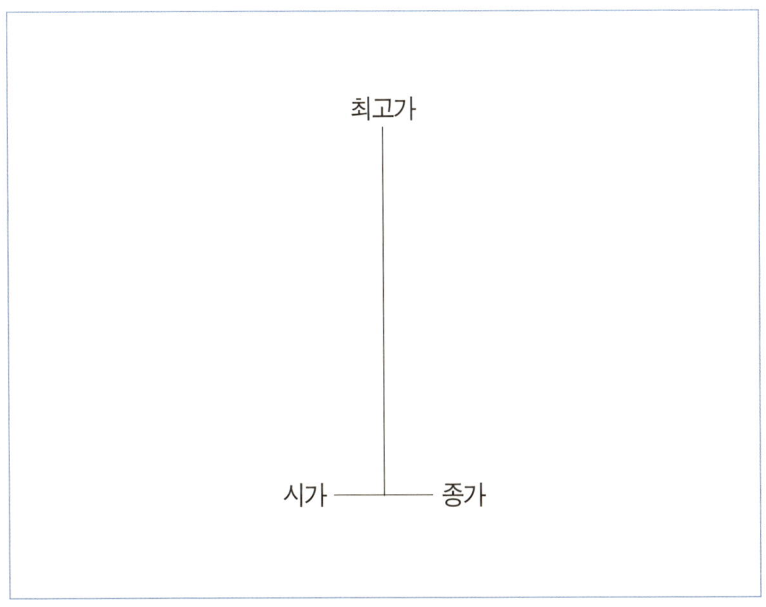

[그림 3-15] 석탑선

앞서 살펴본 바와 같이 십자선들은 매수세와 매도세가 팽팽히 대치하는 국면에서 자주 목격할 수 있다.

이 십자선들은 의미를 잘 파악하여 투자판단의 유용한 지표로 활용하기 바란다.

시장 분위기에 도취되지 마라.

유동적일 수밖에 없는 주식시장에는 일정 시점 혹은 기간 동안 장세를 좌우하는 특정한 분위기가 형성되는 경우가 많다. 예를 들어, 낙관적 분위기라든지 비관적 분위기, 관망 분위기 등이 그것이다. 이러한 분위기는 불합리한 인간 심리나 단면적인 투자 판단, 또는 시장 밖에서 가해지는 어떤 충격 등에 의해 수시로 변한다. 그러한 분위기에 휩쓸리지 않고 항상 객관적이며 냉정한 자세로 시장의 흐름을 읽고 투자 판단을 내려야 성공 투자자가 될 수 있다.

4장

캔들차트의 결합과 읽는 법

Stock

시세는 시세에게 물어라!

1

캔들차트의 결합 의미

주가의 강약을 파악하는 데 있어 캔들차트는 일봉, 주봉, 월봉을 막론하고 커다란 의미를 가지며, 주가의 예측에도 없어서는 안 될 중요한 요소이다. 이러한 캔들차트를 1개월, 3개월씩 살펴나가다 보면, 과거의 발자취를 토대로 앞으로의 주가 방향성도 예측할 수 있다.

앞 장에서는 캔들차트 모양에 따른 각각의 의미를 살펴보았다. 그러나 캔들차트를 좀 더 세밀하게 해석하는 방법도 있다. 즉 캔들차트는 두 자루 이상이 결합하여 또 다른 의미를 나타내기도

하며, 주가를 예측하는 신호가 되기도 한다는 의미이다.

이번 장에서는 이러한 결합 의미를 갖는 전형적인 사례를 살펴보기로 하겠디.

2
일방통행을 나타내는 '갭(Gap)'

    화려한 미인주의 경우는 특히 전일의 종가보다 훨씬 높게 시작되어 더욱 높은 주가로 끝나는 경우가 있다. 이러한 주가의 움직임을 '갭(Gap)'이라 부르는데, [그림 4-1]과 같이 매우 강렬한 움직임이며 이때에는 거래량도 급증하게 된다.

    이 경우 인기의 급상승으로 천장이 가까워졌다고 볼 수 있으므로 적당히 매도하는 것이 현명한 결정이라 할 수 있다. 왜냐하면 가까운 시일에 반드시 이 갭을 메우려는 하락이 있게 되기 때문이다.

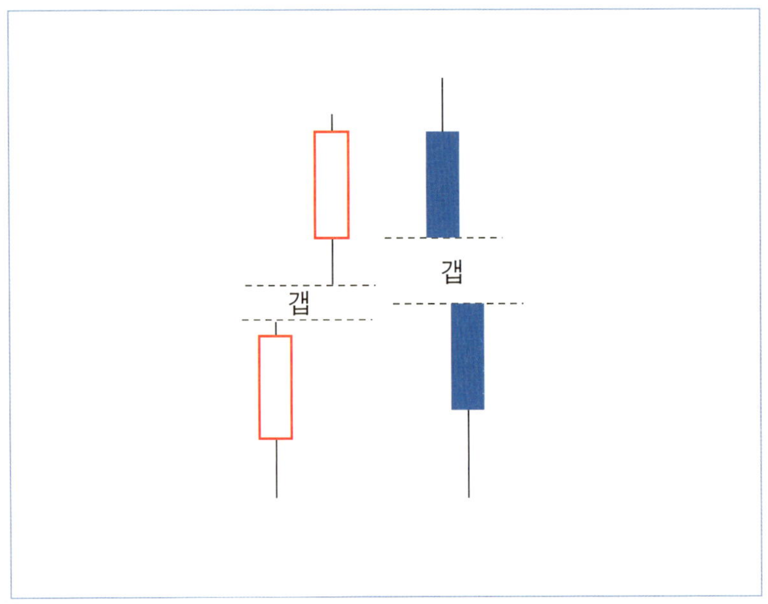

[그림 4-1] 갭 발생

또한 대형 악재로 인해 급락하는 종목에서도 갭을 만들며 하락하는 경우가 있다. 이런 종목 역시 급락도중이더라도 저점매수를 위해 일시하락을 기다리던 사람들의 매수로 주가가 반등하여 갭을 메우는 경우가 많다.

다음 [차트 4-1]과 [차트 4-2]를 통해 갭의 발생과 거래량의 상관 관계를 확인해 보자.

[차트 4-1] 현대상선 일봉

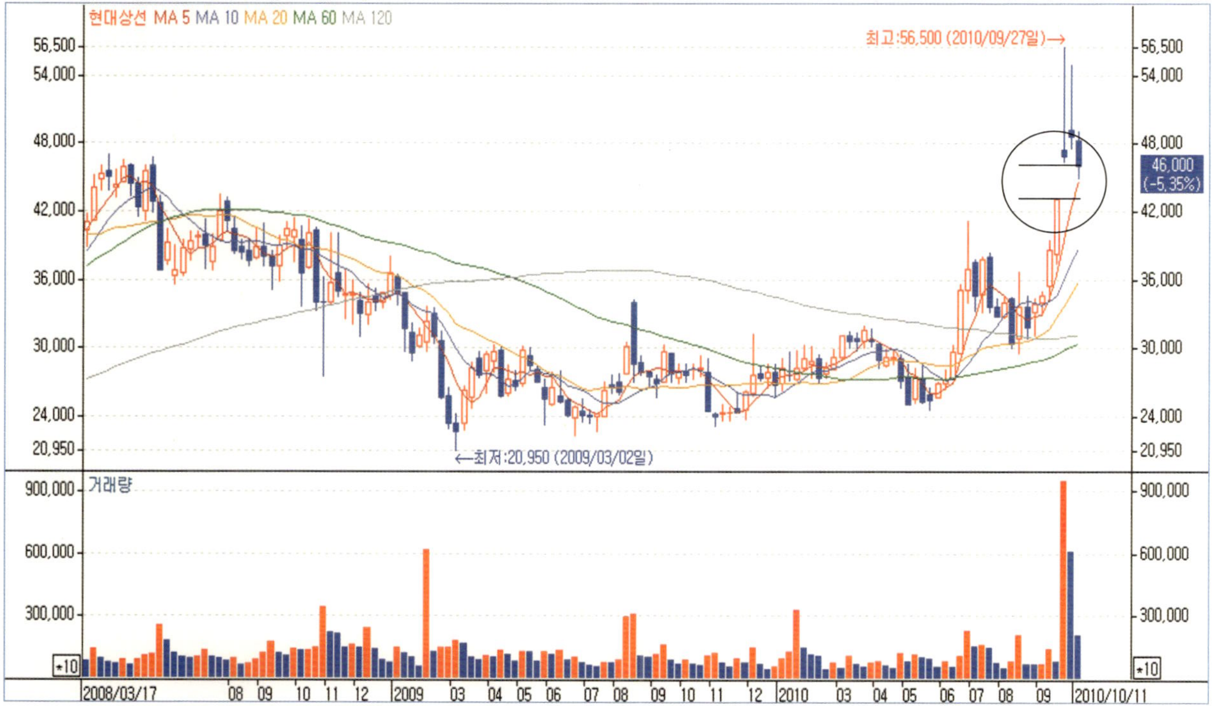

현대상선 MA 5 MA 10 MA 20 MA 60 MA 120

최고:56,500 (2010/09/27일)→

46,000
(-5.35%)

←최저:20,950 (2009/03/02일)

거래량

[차트 4-2] CS홀딩스 일봉

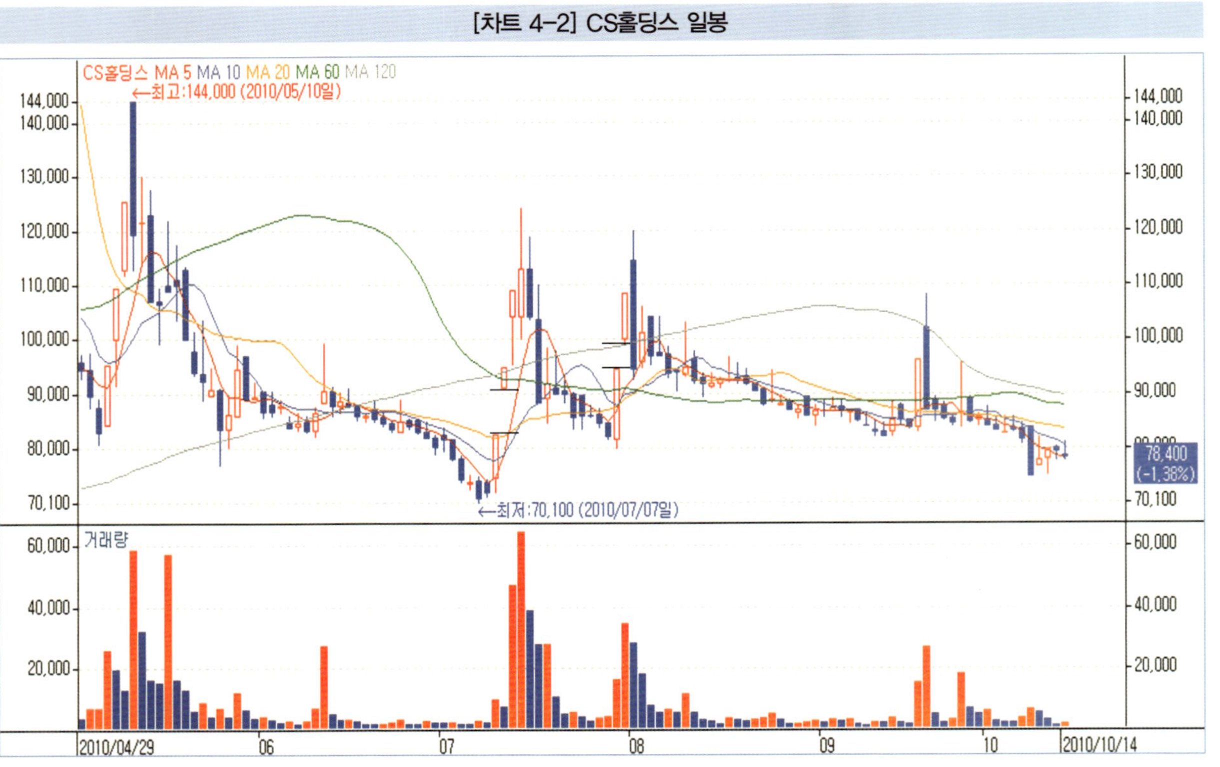

3

'잉태선' 은 휴식신호이다

[그림 4-2]의 a~f는 커다란 양선 또는 커다란 음선에 작은 양선이나 음선, 또는 시종동일선 등이 마치 아기를 잉태한 것처럼 배가 불룩한 모양으로 결합되어 있는 경우이다.

이러한 캔들의 결합을 '잉태선' 이라고 하는데, 이는 주가가 전일(前日), 전주(前週), 혹은 그 전월(前月) 형성된 가격범위 내에서 위로도 아래로도 뚫고 나가지 않는다는 의미를 나타낸다. 즉, 당분간 휴식을 취한다는 신호로 해석할 수 있다.

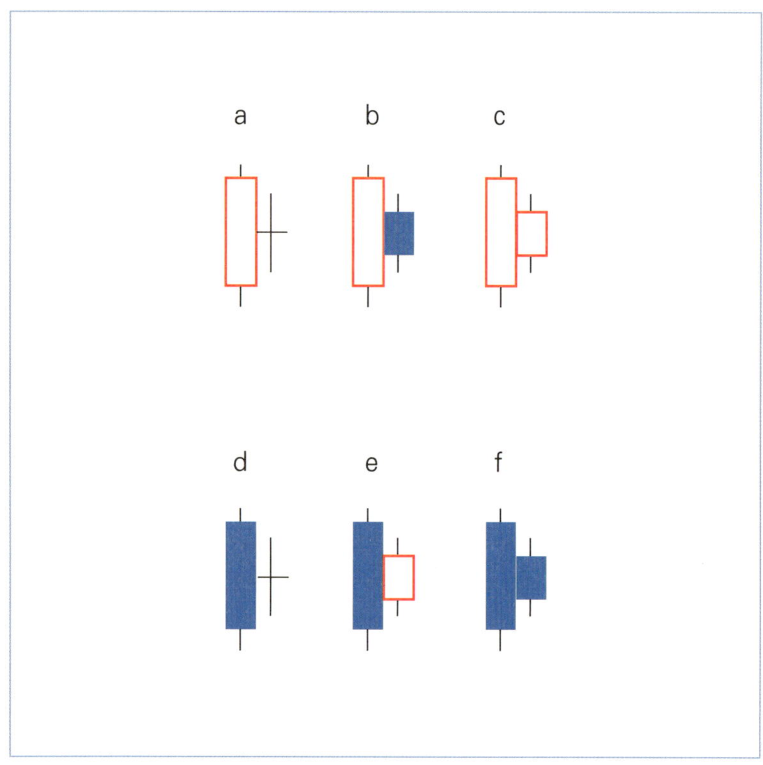

[그림 4-2] 잉태선

그 일례로 [차트 4-3]의 KB금융 주봉차트를 들 수 있다. 이 차트에서는 표시된 범위에서 주가가 위로도 아래로도 움직이지 않는 '잉태선'을 많이 볼 수 있다.

그러나 이 잉태선들이 약간씩 위로 움직이는 기미가 보이면 상승 트렌드로 돌입했다고 봐도 무방하므로 서서히 매수 타이밍을 노려볼 시점이 된다는 사실 역시 기억하기 바란다.

[차트 4-3] KB금융 주봉
KB금융 MA 5 MA 10 MA 20 MA 60 MA 120
←최고:64,100 (2009/10/19일)
54,100 (+3.64%)
←최저:25,413 (2009/03/09일)
거래량
64,100
56,000
49,000
42,000
35,000
28,000
25,450
210,000
140,000
70,000
*100
2009/03/02
06
07
08
09
10
11
12
2010
03
04
05
06
07
08
09
2010/10/11

4
천장가 및 바닥가를 나타내는 '포옹선'

[그림 4-3]의 a~f와 같이 다음에 오는 캔들이 이전의 캔들보다 커다란 형태로 늘어선 상태를 '포옹선' 이라고 한다.

이와 같은 상태는 그 캔들이 형성된 장소나 위치에 따라 다음과 같이 해석될 수 있다.

- 고가권에서의 대양선 포옹선 : 에너지의 한계를 나타내며 주가가 천장에 근접했음을 암시하므로 매도계획을 세우는 것이 좋다.
- 저가권에서의 대음선 포옹선 : 더 이상 하락할 가능성이 없다거나 또는 매도압력이 사라졌음을 나타내며 주가의 하락과정이 종료되

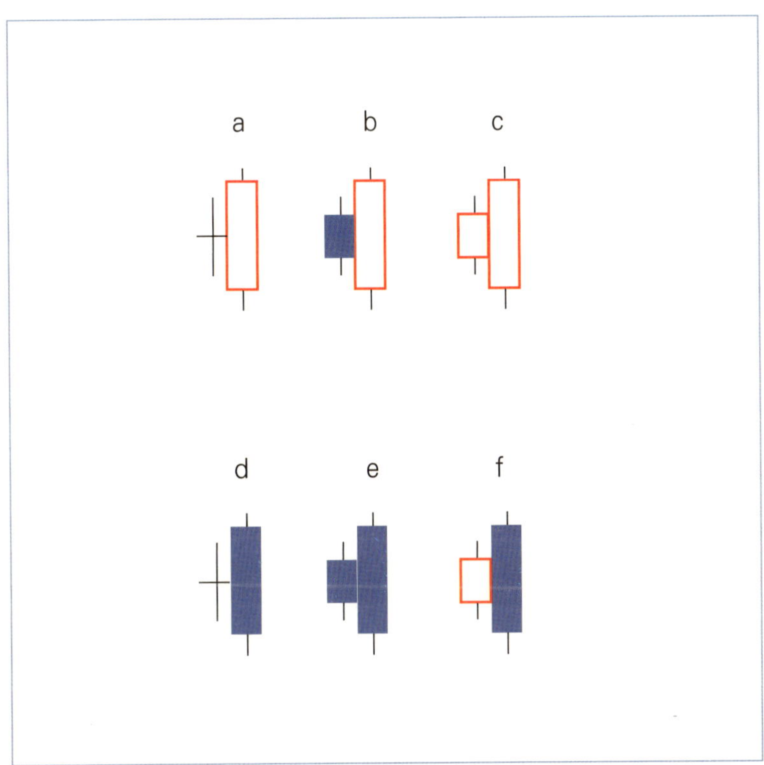

[그림 4-3] 포옹선

었음을 시사한다. 즉, 바닥가임을 암시하고 있다.

[차트 4-4]를 통해 확인해 보자.

[차트 4-4] 두산중공업 주봉

5장

저가권의 매수신호

신용, 미수, 몰빵은 깡통의 지름길이다!

1

원형바닥에서의 회복상승은 매수신호

Stock

하락이 끝나고 다음 상승을 위하여 에너지를 축척하는 시기에는 흔히 '원형바닥' 형태가 잘 나타난다. [그림 5-1]은 원형바닥의 전형적인 모양을 나타낸 것으로, 바닥가에서 오르락내리락하는 시기가 길면 길수록 상승 에너지도 강하다.

[차트 5-1]을 통해 원형바닥의 모양과 이후의 상승파동을 살펴보도록 하자.

[차트 5-1] CS 일봉

CS MA 5 MA 10 MA 20 MA 60 MA 120
최고:6,670 (2010/10/07일)→
6,000 (+2.56%)
←최저:2,585 (2010/07/07일)
거래량
2010/04/29
2010/10/14

[그림 5-1] 원형바닥

　바닥가에서 '주가가 오르지 않는다' 고 성급해하는 사람은 주식을 잘 모르는 사람의 행동이라 하겠다. [차트 5-1]처럼 원형으로 바닥을 굳혀가고 있는 종목을 미리 매수하여 차기의 대폭적인 상승을 믿고 차분히 기다리는 것이 주식투자에서 크게 성공할 수 있는 비결이다.

2

하락시세 말기의 긴 대양선은 매수신호

주가가 오랫동안 하락을 지속하다가 대폭적으로 떨어진 후 급상승하는 경우가 있다.

이 급상승의 바로 전에 발생한 급락을 총투매(Selling Climax)라고 하는데, 이는 지속적인 하락세를 견디지 못하고 주가를 비관적으로 보는 투자자들이 최후의 투매에 가담했음을 의미한다. 그러나 매도가 그친 후 나타나는 긴 대양선은 강력한 매수신호로 봐도 무방하다.

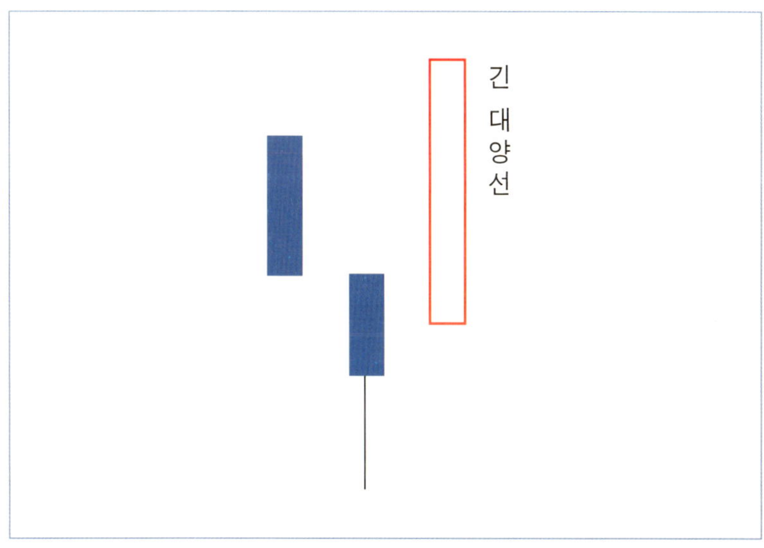

[그림 5-2] 긴 대양선

이러한 종류의 신호는 차트를 통해 얼마든지 사례연구를 해볼 수 있을 것이다. 이러한 신호가 나타나면 망설이지 않고 즉시 매수하는 것이 상책이다.

[차트 5-2] 현대차를 통해 확인해 보자.

[차트 5-2] 현대차 일봉

현대차 MA 5 MA 10 MA 20 MA 60 MA 120
최고:167,500 (2010/10/14일)→
167,500
(+3.40%)
←최저:128,500 (2010/07/06일)
거래량
*10
2010/04/29
06
07
08
09
10
2010/10/14

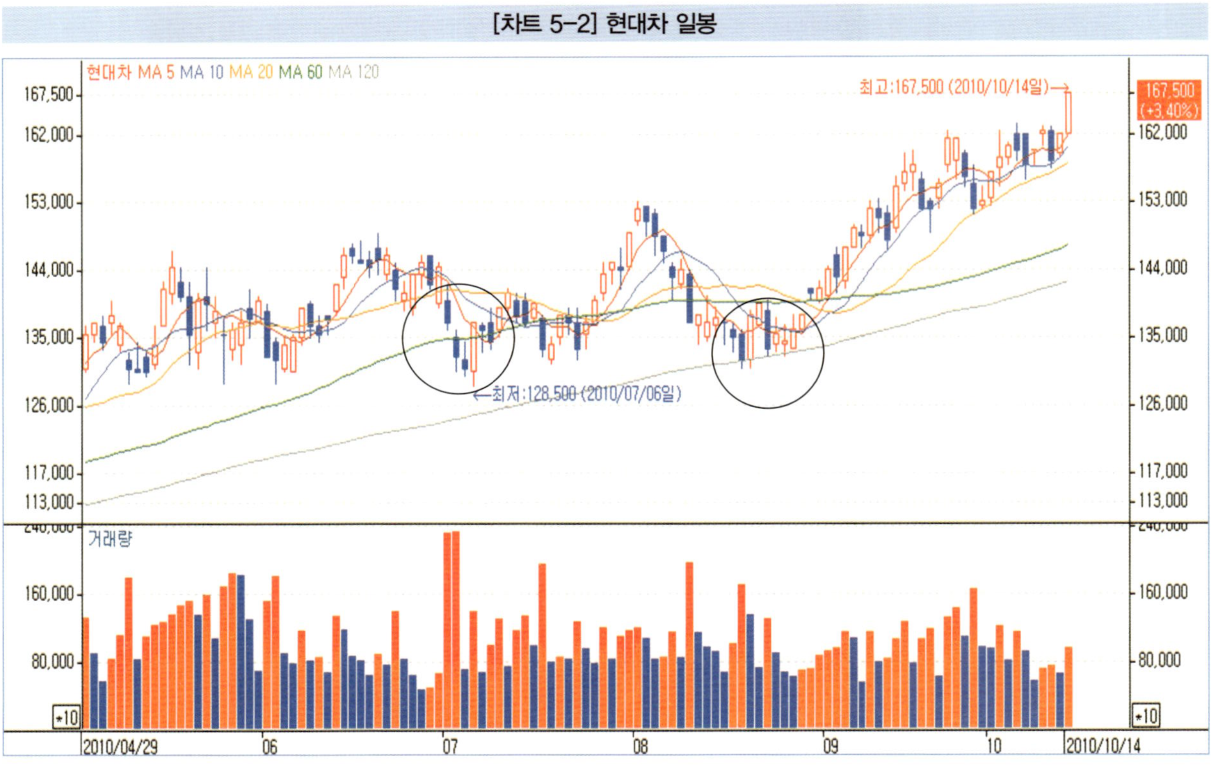

3

V형바닥은 매수신호

　[그림 5-3]과 같이 바닥권에서 음선이 계속되다가 갑자기 양선이 3개 나타나면서 V자형을 만들고 있다면 매수신호이다. 흔히 "계곡이 깊으면 산도 높다"는 비유에 해당되는 유형으로 강력한 매수신호의 하나이다.

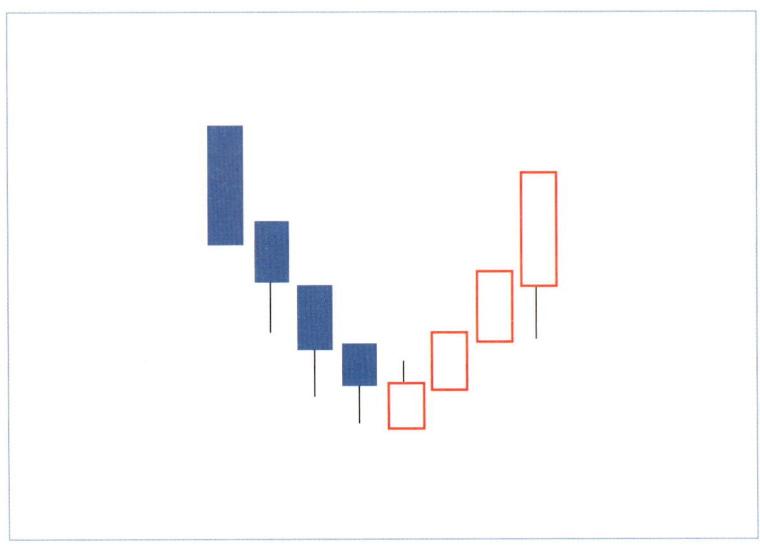

[그림 5-3] V형 바닥

[차트 5-3] 삼성물산을 통해 V형바닥이 어떻게 형성되는지 살펴보자.

[차트 5-3] 삼성물산 주봉

삼성물산 MA 5 MA 10 MA 20 MA 60 MA 120
←최고:79,500 (2008/04/21일)
68,900 (+1,32%)
←최저:26,850 (2008/10/27일)
거래량
79,500
72,000
63,000
54,000
45,000
36,000
26,850
180,000
120,000
60,000
2008/03/17
08
09
10
11
12
2009
03
04
05
06
07
08
09
10
11
12
2010
03
04
05
06
07
08
09
2010/10/11

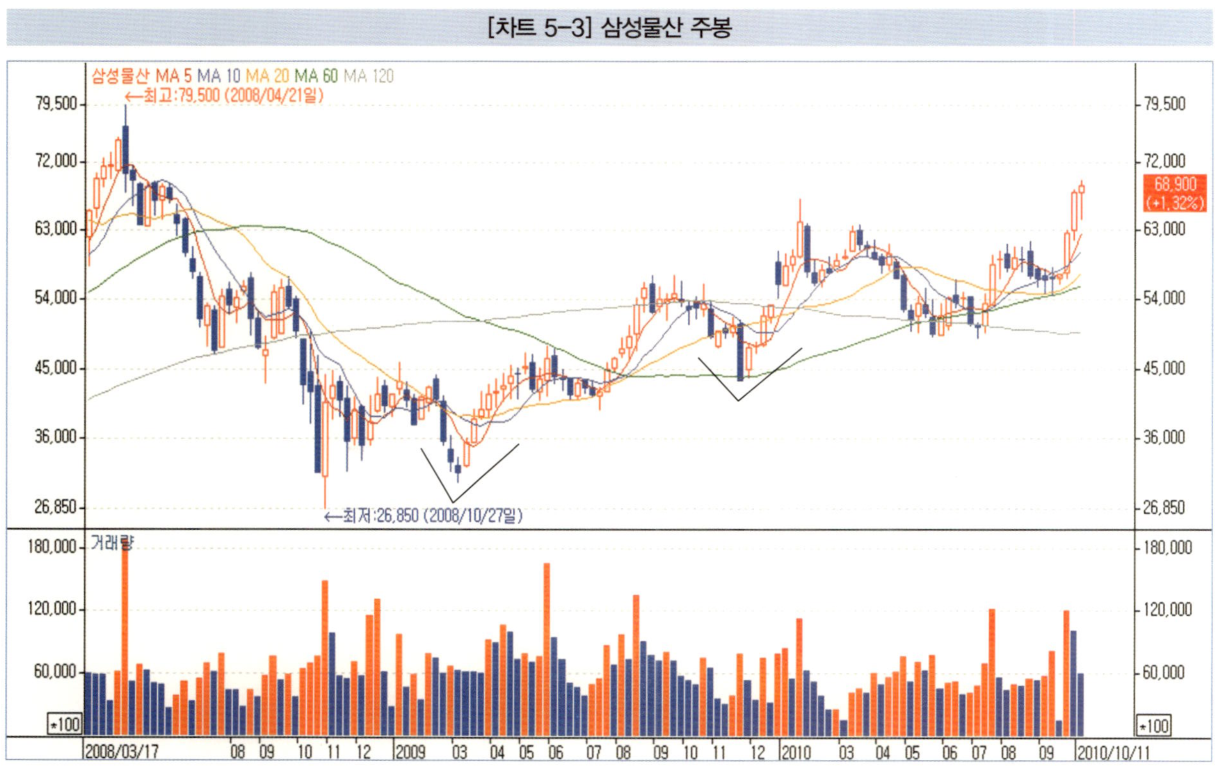

4
저가권 말기의 하락일로는 매수신호

하락시세의 종국에서 [그림 5-4]와 같이 '갭'을 만들며 주가가 하락일로를 달리면 총투매가 발생한 것으로, 절호의 매수신호라 할 수 있다. '주식을 팔았더니 다음날부터 오르기 시작하더라'라는 푸념을 자주 듣는데 바로 이러한 경우이다.

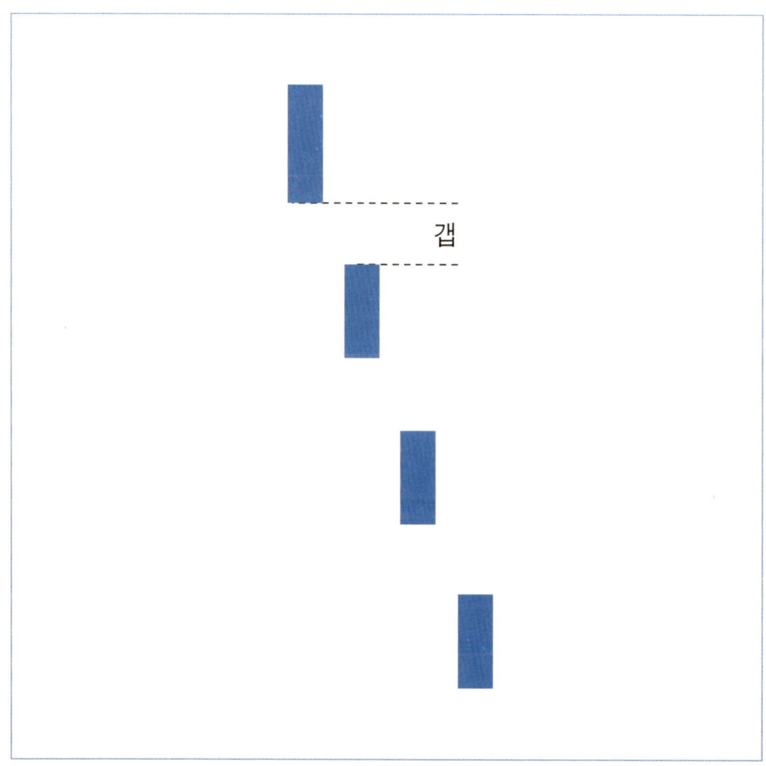

[그림 5-4] 하락일로 허공

만약 차트상에 이렇게 갭을 만들면서 주가가 급락하는 형태가 나타나면 매수준비를 하는 것이 현명한 방법이다.

사람들이 가지 않는 뒤안길을 가는 전법으로 고수익을 기대해 볼 수 있는 패턴이다.

5

투매로 동일 바닥가를
2회 기록하면 매수신호

총투매로 인하여 대음선을 형성한 후, [그림 5-5] 같이 다음날 또는 다음 주에도 수염을 단 캔들차트가 다시 나타나면서 동일한 바닥가를 2번 기록한다면 무조건 매수해야 한다. 이는 역이봉 바닥형(쌍바닥)과 같은 형태가 되기 때문이다.

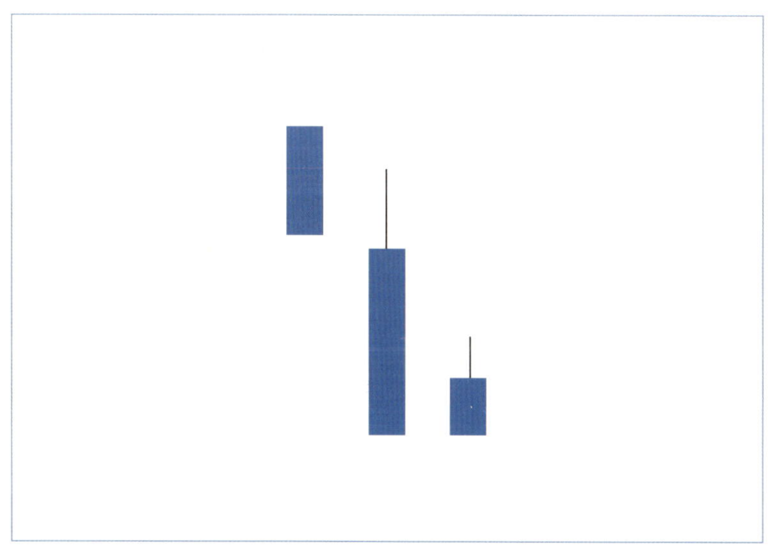

[그림 5-5] 쌍바닥

이 형태는 [차트 5-4]의 일양약품 일봉차트를 통해 확인해 볼 수 있으며, 차트에서 보듯이 매수에 매우 유리한 신호임을 알 수 있을 것이다.

[차트 5-4] 일양약품 일봉

일양약품 MA 5 MA 10 MA 20 MA 60 MA 120
←최고:27,000 (2010/05/03일)
24,650
(+0.41%)
←최저:19,700 (2010/05/31일)
거래량
2010/04/29
06
07
08
09
10
2010/10/14

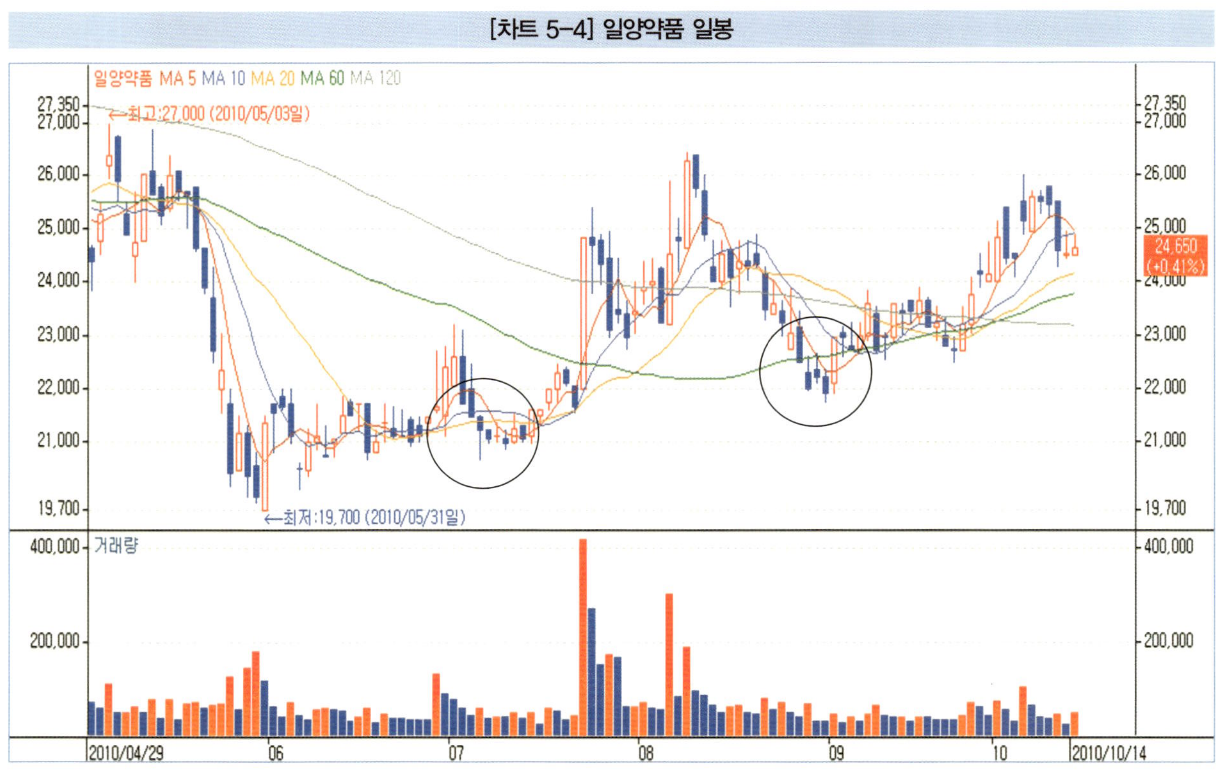

6

바닥가에서의 W형바닥은 매수신호

주가가 크게 하락하여 바닥권에서 W형바닥을 형성하면 매수 신호이다. 실제 차트를 연구해 보면 아주 많은 경우에서 W형바닥을 볼 수 있으며, W형바닥 이후 상승으로 반전하는 모습을 확인해 볼 수 있을 것이다.

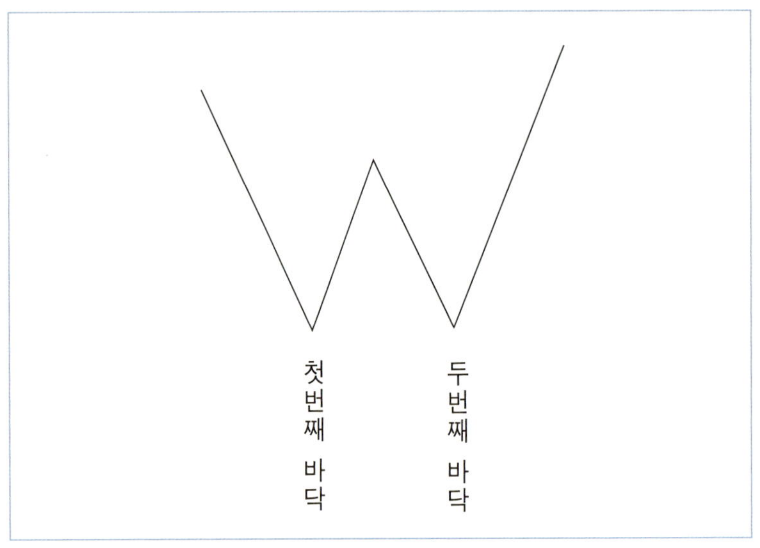

[그림 5-6] W형 바닥

이는 절호의 매수기회이므로 무조건 매수하도록 해야 한다.

다음 대한항공과 삼성SDI 차트들을 보면서 W형바닥이 어떻게 매수신호가 되는지 확인해 보자.

[차트 5-5] 대한항공 주봉

대한항공 MA 5 MA 10 MA 20 MA 60 MA 120
최고:85,700 (2010/06/28일)→
73,100 (+0.55%)
←최저:23,650 (2008/10/27일)
거래량
2008/03/17
2010/10/11

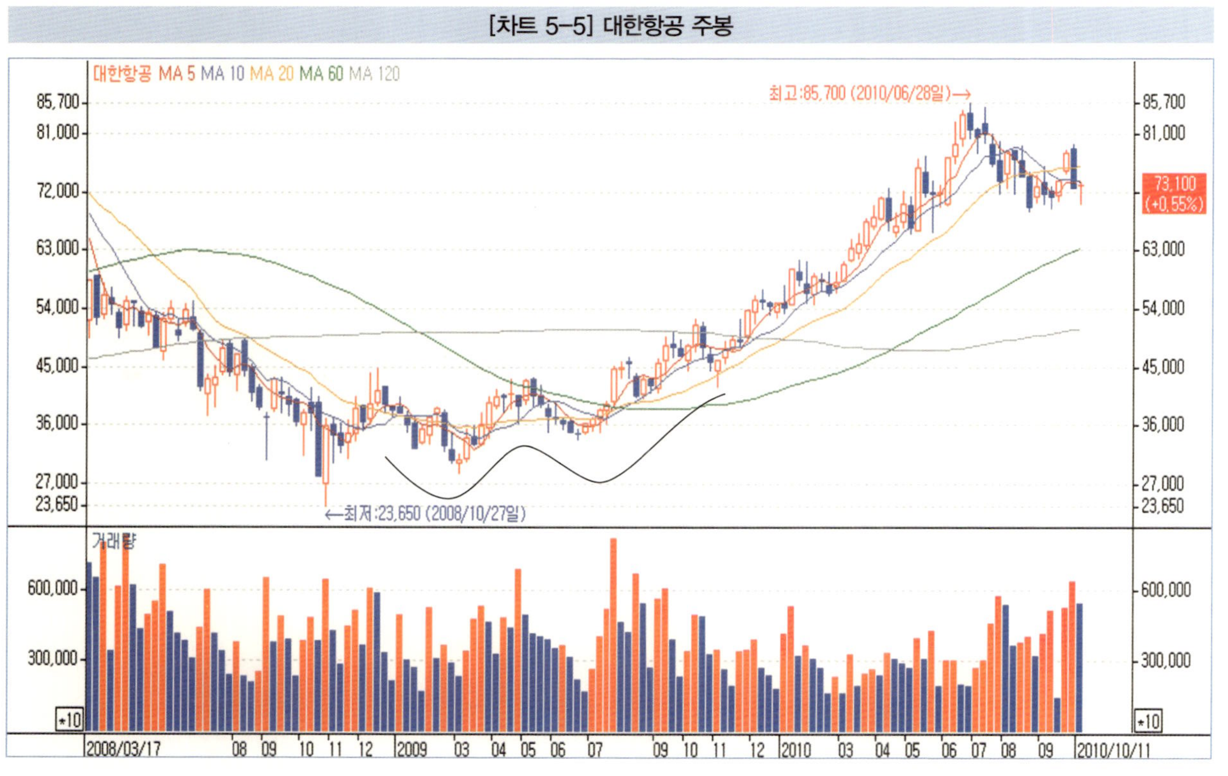

[차트 5-6] 삼성SDI 주봉

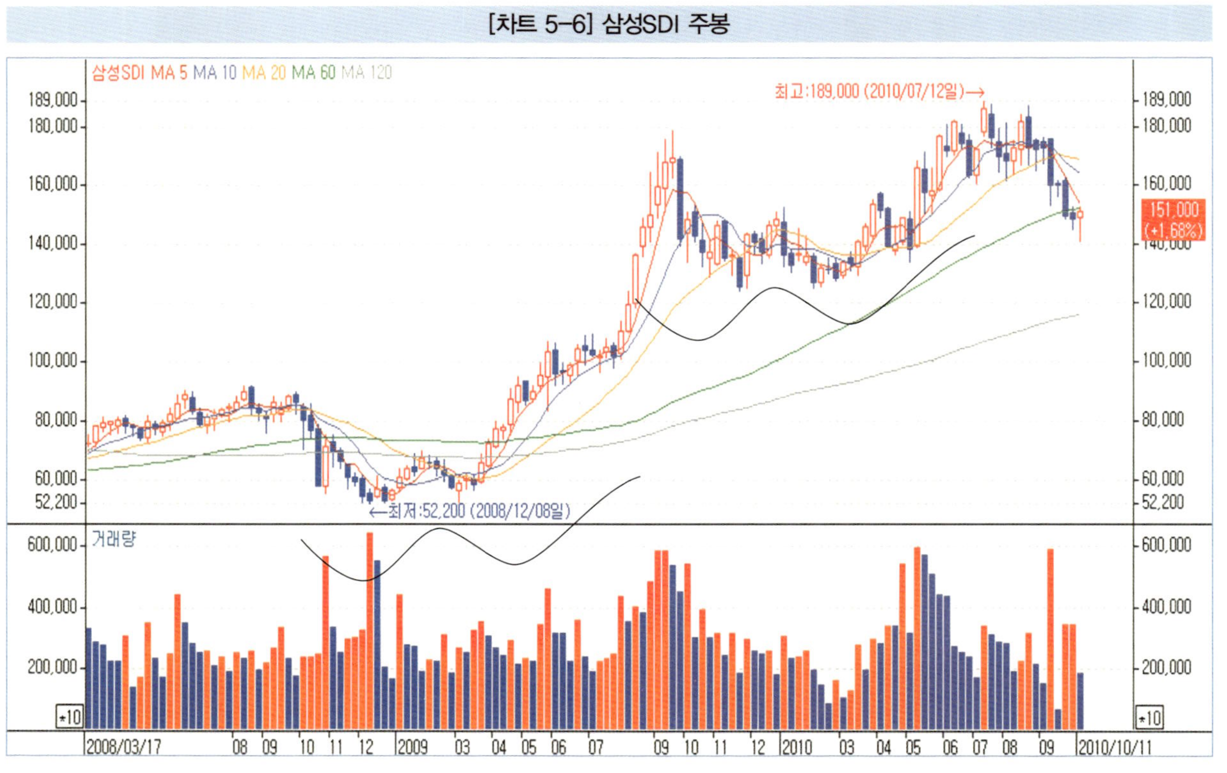

114

6장

중단보합 이탈 시의 매수신호

10%의 등락은 대세 전환일 경우가 많다!

1

상승 트렌드에서의 저가는 안심 매수신호

Stock

[그림 6-1]과 같이 상승 트렌드(추세)를 형성하고 있는 주가차트의 경우 '저가에서 안심매수-고가에서 매도'를 반복하다가 이전의 최고가를 크게 돌파하는 시점에서 매수하는 것도 효율적인 투자방법이다.

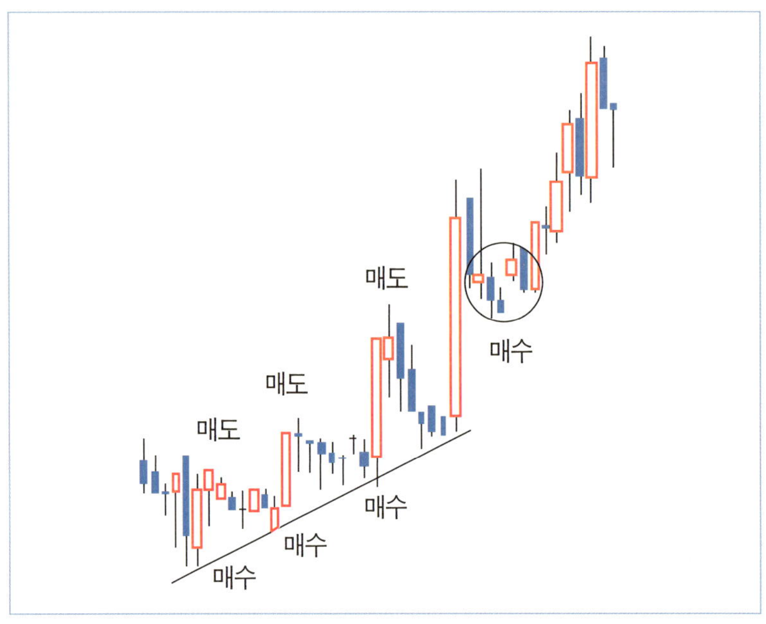

[그림 6-1]

그 전형적인 예로 LG상사 등의 차트를 들 수 있다. 중단(차트에서 상승도중을 말함)에서는 매수, 매도가 비교적 쉽기 때문에 차익획득도 확실하다. 특히 중단보합권을 이탈할 시에는 안심하고 매수할 수 있다.

다만 여기서 유의해야 할 점은 일시하락할 때 매수로 일관해야 한다는 점이다.

[차트 6-1] LG상사 주봉

LG상사 MA 5 MA 10 MA 20 MA 60 MA 120
최고:39,950 (2010/10/04일)→
38,000 (-3.43%)
←최저:9,370 (2008/11/17일)
거래량
39,950
35,000
30,000
25,000
20,000
15,000
9,370
400,000
200,000
*10
2008/03/17
08 09 10 11 12 |2009 03 04 05 06 07 09 10 11 12 |2010 03 04 05 06 07 08 09
2010/10/11

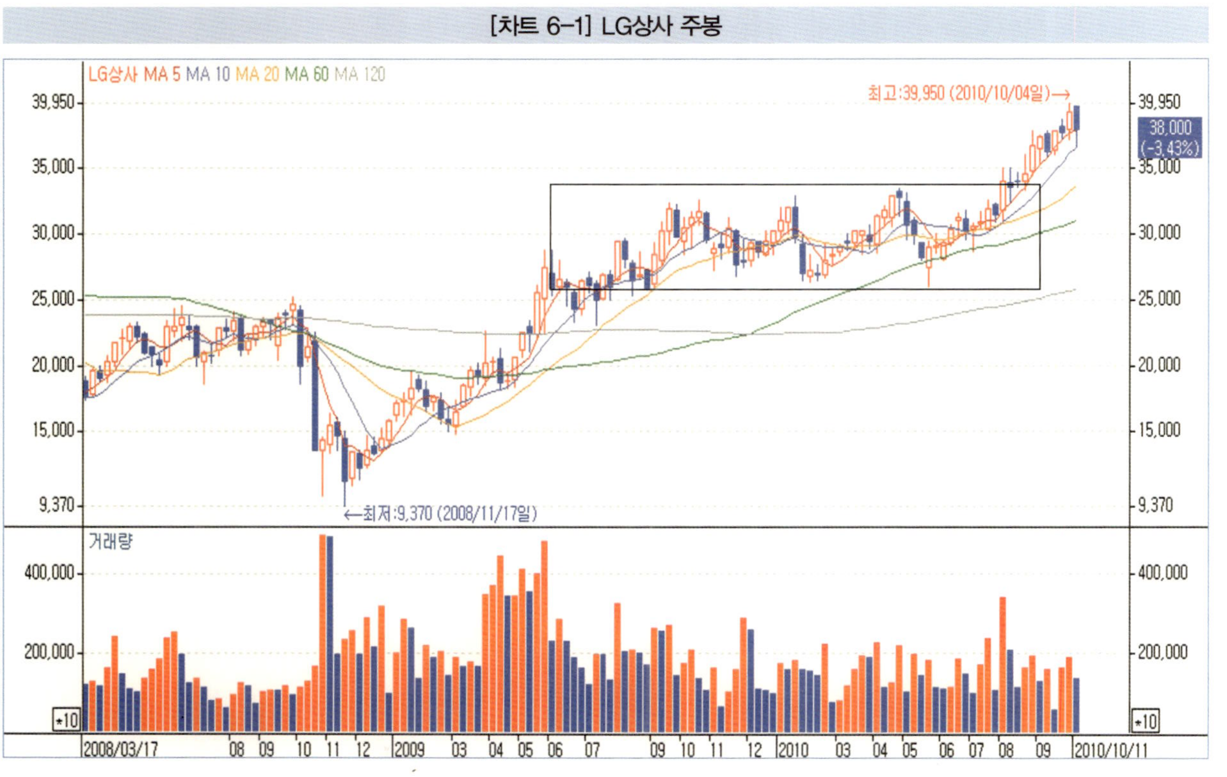

2

상향 직각삼각형은 매수신호

[그림 6-2]와 같이 저가가 높아지고 고가가 평행을 이루는 차트는 A선을 돌파한 시점이 매수시기이다. A선은 매도압박이 이루어지는 강력한 저항선으로, 저점을 높여가면서 이 저항선을 돌파했다는 사실은 매수세가 강하게 유입되어 상승여력이 충분함을 의미한다.

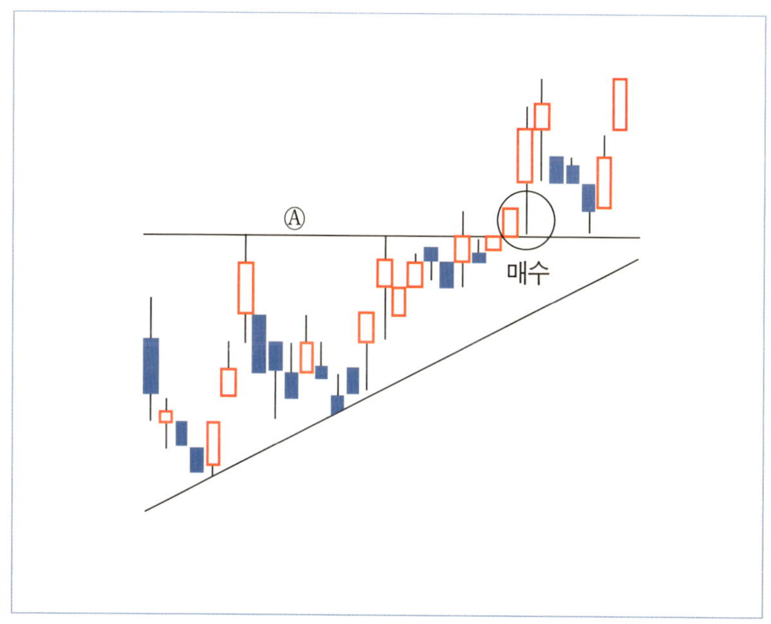

[그림 6-2] 상향 직각삼각형

[차트 6-3] 호텔신라에서 볼 수 있듯이 상향 직각삼각형은 절호의 매수기회이므로 일시 하락할 때를 노려 저점매수에 임하는 것이 좋다.

[차트 6-2] 호텔신라 주봉

호텔신라 MA 5 MA 10 MA 20 MA 60 MA 120
최고:33,400 (2010/09/27일)→
30,000 (-0.66%)
←최저:8,550 (2008/10/27일)
거래량
2008/03/17
2010/10/11

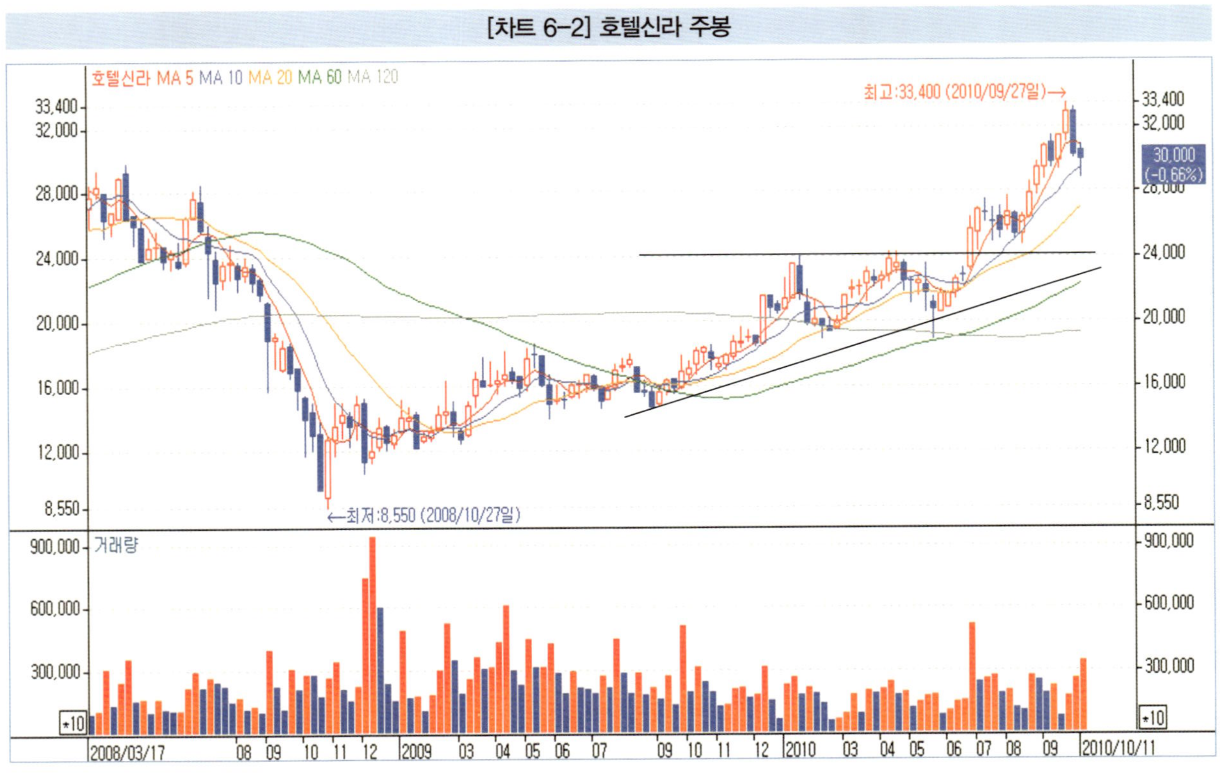

3

네크라인(Neck Line)을 상향돌파하면 매수신호

Stock

[그림 6-3]처럼 오랫동안 돌파하지 못하고 유지하던 고가를 갑자기 뚫고 상승하기 시작하면 매수신호이다. 이 네크라인이 길수록 뚫고 올라가는 상승 에너지가 크다고 할 수 있다.

왜냐하면 네크라인이 길수록 강력한 매물벽이 포진해 있음을 의미하는데, 이렇게 강한 매물벽을 단숨에 뚫고 상승한다는 것은 그만큼 상승에너지가 강하다는 것을 보여주기 때문이다. 이 경우는 적극적으로 매수를 해도 거의 실패하는 일이 없다.

[그림 6-3] 네크라인 상향돌파 매수신호

[차트 6-3] 삼성전기를 살펴보자.

10만 원 대의 두터운 매물벽을 일시에 해소하고 15만 원 선까지 상승하는 모습을 확인할 수 있다.

[차트 6-3] 삼성전기 주봉

삼성전기 MA 5 MA 10 MA 20 MA 60 MA 120
최고:160,000 (2010/07/19일)→
121,000 (+3.42%)
←최저:40,550 (2009/03/02일)
거래량
160,000
140,000
120,000
100,000
80,000
60,000
36,250
*100
120,000
80,000
40,000
*100
2009/03/02
06
07
08
09
10
11
12
2010
03
04
05
06
07
08
09
2010/10/11

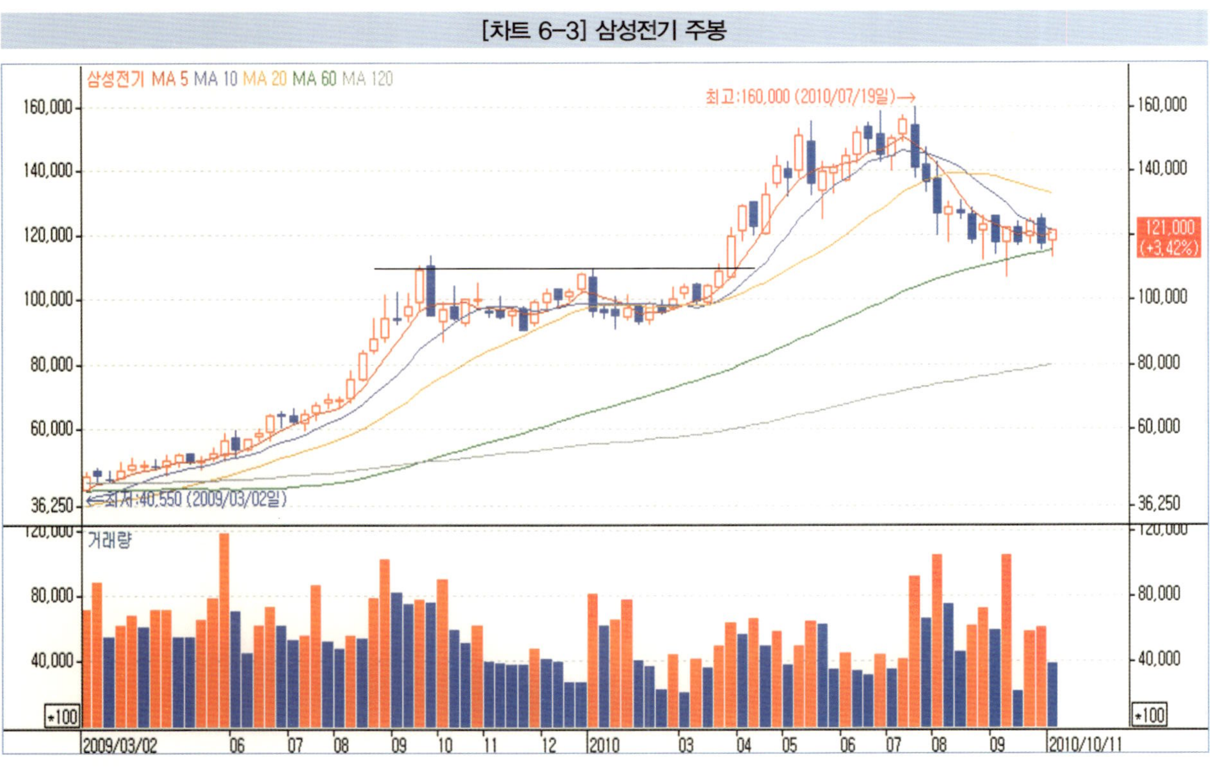

장방형(長方形) 이탈도 매수신호

[그림 6-4]와 같이 폭이 긴 장방형의 박스시세를 형성한 주식이 갑자기 상승하면 매수신호이다. 앞서 살펴본 LG상사, 호텔신라, 삼성전기 모두 장방형의 박스시세를 형성하다 갑자기 상승한 경우라 할 수 있다.

이러한 형태는 얼마든지 찾아 볼 수 있으므로 독자 여러분 스스로 여러 차트를 연구해 나가다 보면 성과를 올릴 수 있을 것이다.

[그림 6-4] 장방형 이탈 매수신호

다만 유의해야 할 점은 상승중단에서 박스권 상향이탈의 경우가 아니라면, 예를 들어 고가권이나 저가권에서 박스시세를 형성하다가 박스권을 크게 하향이탈한다면 관망해야 한다는 점이다.

주식투자에 성공하려면 종목선택과 매수매도 타이밍을 잘 잡아야 한다.

주식투자의 성패 여부는 크게 두 가지 선택 문제에 달려 있다. '어떤 종목을 선택할 것인가' 하는 문제와 '그 선택 종목을 어느 시점에 매수하고 매도할 것인가' 하는 문제이다. 주식시장은 상승장에서도 하락하는 주식이 있고, 반대로 하락장에서도 상승하는 주식이 있다. 또 어떤 주식이든 시시각각 상승과 하락의 파도를 타기 마련이므로 장세에 너무 얽매이지 말고 선택한 종목의 주가차트를 연구 분석하여 적절한 매수매도 타이밍을 잡아야 한다.

7장

천장권의 매도신호

움직이지 않는 주식에는 손을 대지 마라!

1

이봉(二峰)천장은 매도신호

주가의 천장권에서 자주 목격되는 유형이 이봉천장(쌍봉)형이다.

[차트 7-1]의 삼성증권을 보자. 자세히 살펴보면 두 번째 천장에서 거래량이 줄기 시작하면서 곧 주가의 하락으로 이어진다.

[차트 7-1] 삼성증권 주봉

삼성증권 MA 5 MA 10 MA 20 MA 60 MA 120
←최고:87,000 (2008/03/31일)
←최저:47,300 (2008/10/27일)
67,600 (+0.00%)
거래량
*100
2008/03/17
2009
2010
2010/10/11

따라서 이와 같은 신호가 나타나면 매도 준비를 하는 것이 상책이다. 차트를 볼 때는 주가의 움직임과 동시에 그 종목의 거래량도 유의해서 볼 필요가 있다. 왜냐하면 거래량은 그 주식에 대한 매수 에너지의 증감을 나타내기 때문이다.

2

'삼봉(三峰)천장' 이탈은
완전한 매도신호

매도신호 중에서도 가장 확실한 것이 [그림 7-1] 같은 형태이다. 이를 '삼봉천장의 이탈'이라고 하는데 시세 에너지의 종말을 의미한다.

이봉천장에서 매도 타이밍을 놓친 투자자라면 마지막으로 매도할 수 있는 최후의 매도 타이밍이 되므로 상승을 기대하지 말고 재빨리 매도해야 한다.

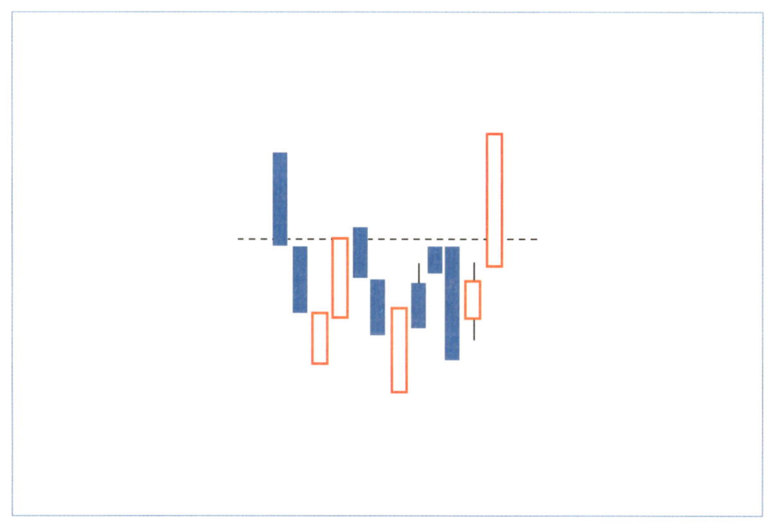

[그림 7-1] 삼봉천장 이탈

[차트 7-2] 미래에셋증권의 사례를 보면 2009년 4월~6월 사이에 이봉천장의 형태를 보이다가(매도적기) 이후 8월에 반등에 성공하는 듯했으나, 결국 전과정을 돌파하지 못하고 지속적인 하락행진을 하였다.

[차트 7-2] 미래에셋증권 주봉

3
상승세 최후의 긴 수염은 매도신호

Stock

시세가 상승일로를 달리다가 마지막에 가서 긴 윗수염을 단 차트가 나타난다면, 이는 강력한 매도신호가 된다.

[그림 7-2]와 같이 캔들의 실체가 더 이상 위로 가지 못하고 주가가 밀리는 이유는 이익실현을 위한 매도세가 매수세보다 강하기 때문이다.

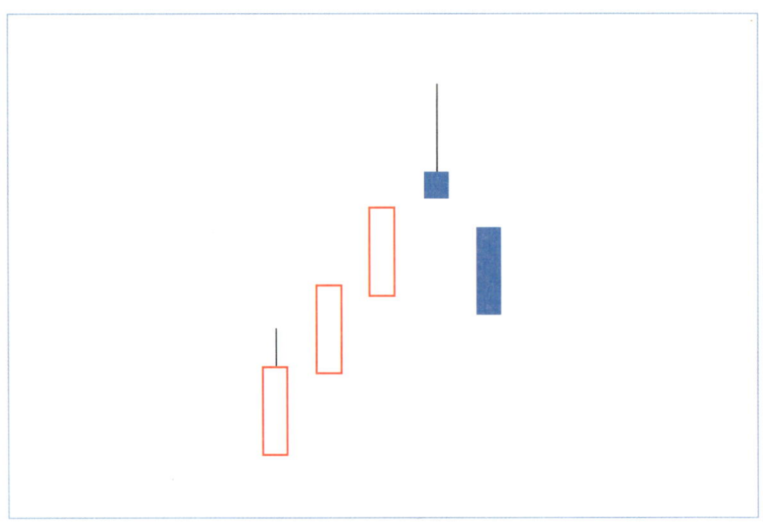

[그림 7-2] 상승일로 긴 윗수염

즉 매수 에너지가 사라졌음을 의미하므로 더 큰 수익을 기대하고 종목을 보유하기보다는 차익매도 혹은 손절매에 주력해야 할 것이다.

[차트 7-3] 현대건설의 세 지점을 유의해서 보자.

[차트 7-3] 현대건설 주봉

현대건설 MA 5 MA 10 MA 20 MA 60 MA 120
←최고:76,900 (2009/12/28일)
75,000 (+0.13%)
←최저:37,250 (2008/10/27일)
거래량
2008/08/04
2010/10/11

4

천장권에서의 십자선(十字線)은 시세의 종말

주가가 크게 상승하여 천장권에서 [그림 7-3]과 같은 십자선 (시종동일선) 또는 그에 가까운 형태의 선이 출현한다면 매도를 서둘러야 한다. 이 유형 역시 강한 매도신호이며, 큰 폭 상승한 종목이 하락으로 반전할 때 자주 나타난다.

주식투자에 있어 수익을 극대화하는 것도 중요하지만, 그보다 더 우선해야 할 것은 손실의 폭을 최소화하는 리스크 관리라 하겠다.

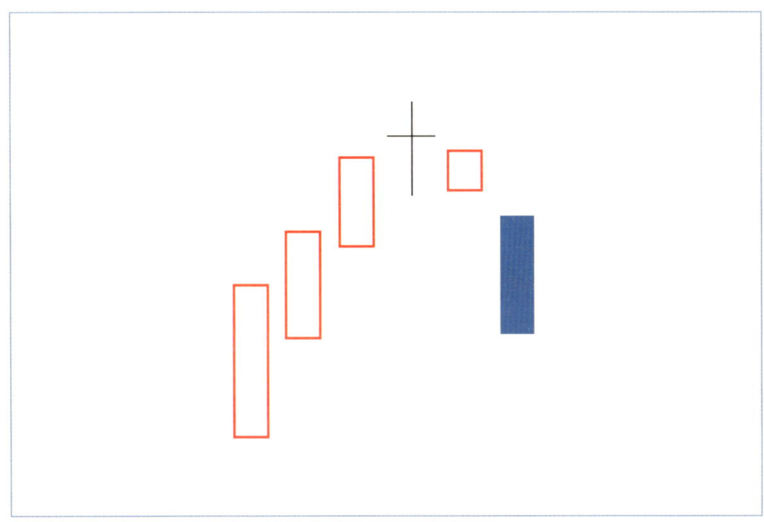

[그림 7-3] 십자선(시종동일선)

[차트 7-3] 삼성중공업을 보면, 고가권에서 십자선이 출현한 이후 주가가 하락으로 반전하는 모습을 확인할 수 있다.

[차트 7-4] 삼성중공업 주봉

고가권에서 갭을 형성한 음선은 매도신호

주가가 크게 상승한 후 [그림 7-5]처럼 갭을 형성하며 음선이 출현하면 매도신호이다.

이 신호 후에는 대음선이 나타나면서 주가가 급락하며, 다소 회복세를 보이더라도 대부분의 경우 주가가 천장을 기록한 이후 이므로 장기적인 하강에 들어가게 된다. 그러므로 이 신호를 무 시하고 방치하면 자금이 묻히게 된다.

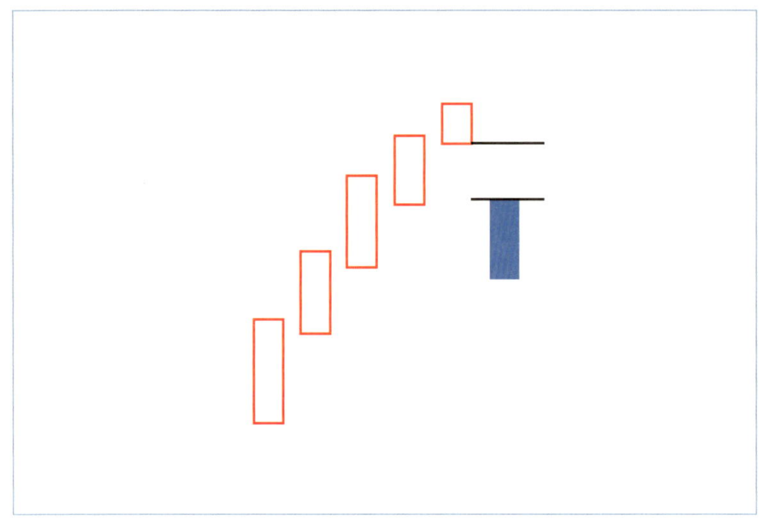

[그림 7-5] 상승일로 후 갭과 음선 출현

앞서 배운 내용을 토대로 차트를 살피고 연구하면서 실전투자
에 임한다면, 수익을 최대화하고 위험은 최소화할 수 있는 나름
의 투자관이 정립될 것이라 믿는다.

8장

초보투자자를 위한 주식투자 상식

추세지표

이동평균선(moving average line)

주가의 이동평균선은 일정 기간 동안의 주가를 단순 평균한 것으로 매일매일 가장 최근 날짜의 주가가 추가되고 첫 번째 날짜의 주가를 제외하는 방식으로 계산된다. 즉 5일 이동평균치라면 그날의 종가를 포함해서 최근 5일간의 합계를 5로 나눈 것이 되고, 그 다음날의 이동평균치는 전일까지의 합계에서 당일의 종가를 더하고 6일 전의 종가를 뺀 5일간의 평균치가 된다.

본래 이동평균선이란 주가의 단기 변동에서 나타나는 불규칙성을 제거하고 장기적인 변동추세를 파악하기 위한 방법이다. 기술적 지표 중에서 가장 신뢰할 수 있고 알기 쉬운 지표 중의 하나인데, 이는 주가의 흐름에 이동평균 방법을 적용하여 일정 기간의 주가 평균치의 진행방향과 매일의 주가가 어떤 관계에 있는가를 분석함으로써 향후의 주가동향을 예측하려는 지표이다.

주가의 단기 이동평균선이 중장기 이동평균선을 아래로부터 상향돌파하는 것을 골든크로스라고 한다. 골든크로스가 발생하면 강세시장으로의 전환신호로 해석되며 매수신호로 받아들인다. 그러나 주가는 이보다 먼저 상승하는 경우가 많으며, 때로는 골든크로스가 발생한 이후에 하락하는 경우도 있음을 유의해야 한다.

주가의 단기 이동평균선이 중장기 이동평균선을 위로부터 하향돌파할 때를 데드크로스가 발생하였다고 한다. 데드크로스가 발생하면 약세시장으로의 전환신호로 해석하여 매도신호로 받아들인다. 그러나 골든크로스와 마찬가지로 주가는 이보다 먼저 하락하는 경우가 많으며, 때로는 데드크로스가 발생한 이후에 상승하는 경우도 있다.

주가와 이동평균선의 괴리 정도를 나타내는 지표로 매매시점을 결정하는 데 쓰인다. 당일 종가를 당일의 이동평균 주가로 나눈 뒤 100을 곱해서 얻어진다. 이격도가 100%보다 높으면 현재의 주가가 이동평균선보다 높은 상황임을 의미하고 100%보다 낮으면 현재의 주가가 이동평균선보다 낮은 상황임을 의미한다.

20일 이동평균선을 적용했을 때 106 이상이면 매도전략, 92 수준이면 매수전략을 구사하고, 60일 이동평균을 적용하면 110 이상이 매도, 88 수준이면 매수시점이 된다. 이격도는 주가가 어떤 형태로든지 파장운동을 계속해나가는 과정에서 이동평균선에 회귀하는 특성을 가지고 있다는 점을 착안하여 도출한 분석기법이다.

그랜빌의 법칙(Granville's law)

미국의 저명한 주가분석사인 그랜빌(J.E. Granville)은 주가와 이동평균선을 이용하여 매수시점과 매도시점을 파악할 수 있는 8가지 투자전략을 제시하였는데, 이를 '그랜빌의 법칙'이라고 한다. 그랜빌의 법칙은 장기이동평균선(160일선 혹은 200일선)과 주가의 움직임을 이용하는 방법으로 다른 이동평균선에도 적용할 수 있다.

그랜빌의 4가지 매수신호

[매수신호 1]

이동평균선이 하락 후에 보합세를 보이거나 상승하여 주가가 이동평균선을 상향돌파한 경우에는 중요한 매수신호가 된다.

[매수신호 2]

이동평균선이 아직 상승단계에 있을 때 주가가 이동평균선 아래로 하락한 경우도 매수찬스기회라고 할 수 있다.

[매수신호 3]

주가가 이동평균선 위에 있으며 평균선을 향해 하강했으나 이를 돌파하지 못하고 다시 상승으로 전환한 경우도 매수시기가 된다.

[매수신호 4]

주가가 하강을 계속하는 평균선을 하향돌파하여 급락할 때는 평균선을 향한 자율반등이 예상되므로 이 단기적인 기술적 반등을 이용하여 매수한다.

그랜빌의 4가지 매도신호

[매도신호 1]

이동평균선이 상승한 후 제자리걸음 또는 하강으로 전환된 국면으로 주가가 이동평균선을 하향돌파했을 때는 중요한 매도시기가 된다.

[매도신호 2]

이동평균선이 계속 하강하고 있는데 주가가 이동평균선을 넘어선 경우도 매도기회라고 할 수 있다.

[매도신호 3]

주가가 이동평균선의 밑에 있으며 이 선을 향하여 상승해도 이동평균선에 미치지 못하고 다시 하락할 경우는 매도시기가 된다.

[매도신호 4]

상승하고 있는 이동평균선을 넘어서 주가가 급상승할 때는 이동평균선을 향하여 반락할 가능성이 크므로 이 단기간의 기술적인 반락을 이용하여 주식을 매수할 수 있다.

MACD

(Moving Average Convergence& Divergence : 이동평균 수렴확산지수)

MACD는 뉴욕의 분석가 아펠(Gerad Appel)에 의해 고안된 오실레이터(oscillator)이다. MACD는 단기 이동평균선과 장기 이동평균선이 멀어지게 되면(divergence) 다시 가까워지게 (convergence)되는 성질을 이용하여 두 개의 이동평균선의 차이가 제일 큰 시점을 찾아내는 분석지표이다.

MACD는 다음과 같이 계산한다.

① 종가를 이용하여 단기지수 이동평균을 계산한다(예컨대
12일 지수 이동평균)

② 종가를 이용하여 장기지수 이동평균을 계산한다(예컨대
28일 지수 이동평균)

③ 단기지수 이동평균에서 장기지수 이동평균을 차감하여
그 차이를 실선으로 그린다. 이를 MACD line 또는 fast
MACD라고 부른다.

④ 위에서 구한 MACD선의 지수 이동평균(예컨대 9일 지수 이
동평균)을 계산하여 그 결과를 점선으로 그린다. 이것을
signal line 또는 slow MACD라고 부른다.

이 지표는 다음과 같이 이용한다.

① MACD선과 시그널선이 서로 교차하는 시점을 매매신호
로 본다. 즉 MACD선이 시그널선과 교차하는 시점이 단
기 이동평균선과 장기 이동평균선의 차이가 가장 큰 시점
이다.

② MACD선이 시그널선을 위에서 아래로 교차할 때를 매도
시점으로 보며, 아래에서 위로 교차될 때를 매수시점으로
본다.

주가·환율의 종가에 대해 '3번(triple)' 이동평균한 값을 구해 단기적인 주가·환율의 급등락을 '완화해(smoothing)' 주는 보조지표이다. TRIX는 '0'을 기준으로 0을 상향돌파하면 매수로, 하향돌파하면 매도로 해석한다.

신호선(signal)을 함께 사용하기도 하는데, TRIX가 신호선을 상향돌파하면 매수로, 하향돌파하면 매도로 각각 풀이한다. 신호선은 TRIX의 이동평균으로, 12일 TRIX의 경우 6일을 기간 값으로 설정한다.

한편 디버전스(Divergence)에 활용하는 방법도 있다. 주가·환율의 고점은 점차 높아지는 데 TRIX의 고점은 낮아지면 주가·환율이 곧 떨어질 것으로 여긴다. 이를 약세 디버전스라고 부른다.

반대로, 주가·환율의 고점은 점차 낮아지는 데 TRIX의 고점은 높아지면 주가·환율이 곧 올라갈 것으로 여긴다. 이를 강세 디버전스라고 한다.

이동평균선은 추세를 잘 반영하는 장점이 있는 반면 가격 움직임에 후행하는 단점이 있다. 이를 보완하기 위해 만들어진 지표가 TRIX이다. 이동평균선의 후행성을 완전히 제거하지는 못했지만 중장기 추세 파악에 유용한 지표이다.

거래지표

OBV(On Balance Volume)

그랜빌이 창안한 기법으로 '거래량이 시세의 원동력이며 주가는 그림자에 불과하다' 는 이론적 배경으로 출발하고 있다. 어느 특정일을 기준으로 주가상승일의 거래량은 더하고 하락일의 거래량은 빼고 주가변동이 없는 날의 거래량은 무시하여 누계를 도표화한 것이다.

OBV를 이용하는 목적은 전체 시장이 매집단계에 있는지 또는 분산단계에 있는지를 알아보는 데 있다. 특히 전체 시장이 큰 변동 없이 정체 상태에 있을 때 시장의 변화방향을 예측하는 데 유용하게 활용할 수 있다.

강세시장에서는 주가가 상승하면 거래량이 증가하는 것이 일반적이므로 OBV도 상승세를 유지한다. 약세시장에서는 주가가 하락하면 거래량이 감소하는 것이 일반적이므로 OBV선도 하락세를 유지한다.

따라서 강세시장에서 OBV선이 직전의 고점을 상회하면 주가가 상승하는 신호로 해석하고, 반대로 직전의 저점을 하회하면 주가가 하락하는 신호로 해석한다.

매일매일의 가격상승 종목과 하락 종목수의 차를 누적한 지표를 말한다. 가격상승 종목수가 하락 종목수보다 많으면 그 차를 더하고 그 반대의 경우는 그 차를 빼서 누적한 것이다. 등락주선 그 자체의 수준은 의미가 없고 등락주선의 상향을 보는 것이 목적이다. 종합주가지수는 제한된 종목의 가격변동을 기준으로 계산되지만 등락주선은 그 뒤에 숨겨진 시장 인기의 추이, 자금의 유출입 상황을 알 수 있는 투자지표이다.

J. E. 그랜빌은 그의 저서 《그랜빌의 투자법칙》(1960년)과 《그랜빌의 투자전략》(1976년)에서 등락주선을 주요 테크니컬 지표로서 들고 있으며, 주식시장을 '욕조' 에 비유하고 자금(물)이 주식시장(욕조)으로 흘러들어가고 있는가 아니면 흘러나오고 있는가 하는 시장의 세력관계를 분석했다. 수도꼭지를 틀고 물을 세차게 받으면 수위가 점차로 높아져 간다. 그러나 욕조의 마개가 열려 있으면 수위는 점차로 낮아져 간다. 이 수위의 증감을 재빨리 예지하는 기법이 바로 등락주선(AD line)이라는 것이다.

등락주선의 분석기법을 보면

① 종합주가가 상승하고 등락주선도 상승할 때는 앞으로 주가상승이 기대되고,

② 종합주가가 상승하여도 등락주선이 하락하면 앞으로의 주가는 떨어질 위험이 있다.

③ 종합주가가 하락하고 등락주선도 하락할 때에는 하강시세의 계속이 예상되고,

④ 종합주가가 하락하더라도 등락주선이 상승하면 주가의 반발이 기대된다는 등을 들 수 있다.

또 유사한 지표로서 상승 및 하락 종목의 비율로 표시하는 등락비율이 있다.

VR(Volume Ratio)

OBV선은 누적차수(累積差數)이기 때문에 기준일을 잡는 방법에 따라 수치가 크게 차이가 생긴다. 따라서 개별국면의 추세에는 의미가 있으나 시세를 판단하거나 과거와의 비교 등은 불가능하다. 따라서 누적차수가 아니라 비율(레이쇼)로 분석한 것이 볼륨 레이쇼이다.

일정 기간 주가상승일의 거래량을 주가하락일의 거래량으로 나누어 100을 곱한 수치이다. 계산할 때 분자는 주가상승일의

거래량 합계에 변동이 없는 날 거래량의 절반을 더한 값이며 분
모는 주가하락일의 거래량 합계에 변동이 없는 날 거래량의 절
반을 더한 값이다.

일반적으로 주가상승일의 거래량은 주가하락일의 거래량보
다 많은데 이 수치가 높을수록 강세장을, 낮을수록 약세장을 나
타낸다.

VR는 보통 20일간 거래량을 기준으로 하는데 150%가 보통
수준이다. 가령 VR가 100%이면 상승일과 하락일 거래량이 같
아지는 시점이라는 뜻이며, 200%라면 주가상승일 거래량이
하락일 거래량의 두 배라는 의미이다. 450%를 넘으면 천장권
을 나타내는 경계신호이고, 70% 이하는 침체와 바닥권을 나타
낸다.

단, 시세가 천장권일 때의 수치는 오차가 크기 때문에 일률
적으로(기계적으로) 적용하기에는 문제가 있으나 바닥권을 판단
하는 데는 매우 신뢰도가 높은 투자지표이다.

거래량 회전율(turnover ratio)

증권시장에서 거래량은 주가를 결정하는 중요한 요소이다.
일반적으로 거래량은 활황일 때 늘어나며 하락세일 때 줄어든
다. 따라서 주가를 보다 정확히 파악하기 위해서는 거래량 추세

를 살펴보아야 한다.

거래량은 주가에 선행한다는 가정 아래 유력한 투자기법으로서 거래량 이동평균선을 들 수 있지만, 장기적인 주가흐름을 파악하기 위해서는 거래량 회전율이 보다 유용하다.

현재의 주식 거래량이 과거에 비해 어떤 상태인가를 분석하는 데는 단순 거래량의 증감만으로는 부족하며 거래량과 총상장주식수를 비교함으로써 가능하다. 거래량과 총상장주식수의 비율인 거래량 회전율은 거래량에 입회일수를 곱하고 이를 총상장주식수로 나눈 백분율로 나타낸다.

일반적으로 거래량은 5일 거래량 이동평균을, 입회일수는 1년을 300일로 계산한다. 거래량 회전율이 100%라면 상장주식이 연간 1회전하는 것을 의미하며, 보통 50%를 기준으로 20% 수준이면 바닥, 130% 수준이면 단기적 상투권을 가리킨다.

거래량 회전율은 당일의 거래량 규모를 기준으로 하여 상장주식수가 연간 몇 번 회전하고 있는가를 나타낸다. 예를 들면 거래량 회전율이 100%라면 상장주식 총수가 1년에 1회전하는 것을 의미한다.

개별종목의 경우, 가끔 대량의 크로스거래 등으로 돌발적으로 거래량이 급증하여 거래량 회전율이 갑자기 높아지는 경우가 있어 그 상한을 예측, 판단하기가 어렵다.

모멘텀지표

모멘텀(momentum)

물리학적 용어로 운동량 또는 가속도를 말한다. 흔히 주가가 상승세를 형성했을 때 현재 주가가 얼마나 가속적인 움직임을 보이는지를 나타내는 지표로 쓰인다. 이를 종목에 적용했을 때 해당 종목 주가가 변할 수 있는 근거를 뜻하기도 한다. 모멘텀은 추세의 속도가 증가하고 있는지 아니면 감소하는지를 표현함으로써 추세의 운동량을 측정한다. 모멘텀은 가격보다 앞서 움직이는 선행지표로서 추세의 속도가 언제 증가하고 언제 감소하고 또 언제 횡보하는지를 보여준다.

모멘텀이 신고점을 기록했다는 것은 상승추세가 속도를 더하고 있어 상승이 앞으로도 지속될 것임을 나타낸다. 반면에 모멘텀이 이전보다 낮은 고점을 형성하고 있을 때는 상승추세가 가속을 멈추고 있음을 나타낸다. 이것은 마치 로켓이 연료는 바닥이 났으나 관성에 의해 비행하고 있는 것과 같다고 볼 수 있고, 추세반전에 대한 준비를 해야 한다. 똑같은 논리가 하락추세에서의 모멘텀 저점에 대해서도 작용된다. 가격 모멘텀은 당일의 가격에서 선택된 기간 이전의 가격을 차감한 것이다.

$$\text{모멘텀}(Mt) = Pt - (Pt - n)$$

여기서 Mt는 t일의 모멘텀, Pt는 t일의 종가, Pt−n은 n일 전의 종가이다.

RSI(Relative Strength Index)

RSI는 시세가 강세권에 있는가 또는 약세권에 있는가를 나타내는 지표로서 시세의 전환점을 예측할 때 사용된다. 이는 최근 10일간의 일일 가격변동폭(절대치)을 구하고, 전일 대비 상승한 날의 절대치 평균(U평균)과 전일 대비 하락한 날의 절대치 평균(D평균)을 각각 구분하여 다음의 산식으로 산출한다.

$$RSI = 100 - 100\,(1 + RS)$$
$$RS = \frac{\text{최근 10일간의 U평균}}{\text{최근 10일간의 U평균} + \text{최근 10일간의 D평균}} \times 100$$

이 지표는 0%와 100% 사이에서 지표가 형성되게 된다. 80% 이상은 과열, 20% 이하는 침체로 판단하나 시장의 질적인 강도에 따라 기준선을 달리 할 수 있다. RSI의 천장과 바닥은 실제의 가격변동보다도 한 걸음 빨리 나타나는 경향이 있다.

주가는 일정하고 안정된 추세대를 형성하면서 움직일 때도 단기적인 천장과 바닥을 확인하며 움직이는데, 소나차트는 주가의 이동평균의 등락률을 이용하여 중기적으로 주가가 상승세에 있는지 하락국면에 있는지를 판단하는 지표이다. 즉 기준선(zero line)을 중심으로 모멘텀(momentum) 지표가 어느 위치에 있는가에 따라 주가가 상승국면에 있는지 하락국면에 있는지를 파악한다.

소나차트는 원래는 급격한 주가의 변화를 둔화시킨 평활곡선을 사용하였으나 현재 우리 나라에서 발표되는 소나차트는 평활곡선 대신 20일 이동평균선을 이용한 모멘텀(기울기) 곡선으로 만들어지고 있다. 즉 소나차트는 주가 이동평균선의 각 점의 기울기를 수치화한 것이다.

주가는 현재의 주가수준이 과거 일정 기간 동안의 주가수준보다 높을 경우 하락할 가능성이 그만큼 높아지고, 반대로 낮게 형성된 경우에는 상승할 가능성이 높아진다. 이러한 주가 성질을 지표화하여 개별종목이나 지수에 대한 시장기조를 파악하는 것이 스토캐스틱 지표이다.

스토캐스틱 지표는 이 지표의 10일 이동평균치(%K)와 %K의 10일 이동평균(%D)을 사용하여 시장을 판단한다.

이 지표의 일반적인 활용방법은

① 보통 80% 이상을 과열권으로 판단하여 매도신호로 보고, 20% 이하를 침체권으로 판단하여 매수신호로 본다.

② %D지표가 70% 이상에서 쌍봉을 치고 하향전환하는 경우는 매도신호, %D지표가 30% 이하에서 쌍바닥을 치고 상향전환하는 경우는 매수신호로 본다.

③ 선행하는 %K가 %D를 상향돌파하는 경우는 매수시점, 선행하는 %K가 %D를 하향돌파하는 경우는 매도시점으로 이용한다.

시장강도지표

투자심리선(psychological line)

최근 2주일(10일) 동안의 주가변동을 이용하여 투자자의 심리가 어떠한가를 나타내는 지표로서 증권시장의 과열 정도를 파악하는 데 활용된다. 즉 투자심리선은 10일 동안의 전일 대비 상승일수를 더하여 이를 10로 나눈 후 백분비로 나타내 도표화한 것이다. 일반적으로 투자심리의 표준선은 50%이다.

이를 기준으로 지수가 75% 이상으로 나타나면 증시분위기가 매우 좋고 투자환경이 밝으며 매수세력이 지나치게 왕성한 경우를 나타낸다. 이 상태가 지속되면 증시가 과열됐다는 경계신호로서 서서히 매도를 늘려야 할 시점이 된다. 반대로 25% 이하이면 매도물량이 지나치게 많아 장이 침체된 경우를 나타낸다. 이때는 거꾸로 매수해야 할 지점이 된다. 투자심리선은 장기적인 매매시점 포착보다는 단기적 매매시점 포착에 유리하며, 그보다도 시장상황의 과열이나 침체를 나타내는 지표로 알맞다.

기타 보조차트

역시계곡선

일반적으로 주가는 상승하기 전에 먼저 거래량이 증가하고 하락하기 전에 거래량이 감소한다.

역시계곡선은 주가와 거래량 간의 상관관계가 크다는 점과 거래량이 주가에 선행하는 경향이 있다는 두 가지 관점을 고려하여 만들어진 지표로서, 중기의 주가예측에 유능한 지표로 활용되고 있다.

주가의 20일 이동평균치를 세로축에, 거래량의 20일 이동평균치를 가로축에 나타내어 매일매일의 교점을 연결해보면 시계반대방향으로 움직이는 좌회전 곡선이 되는 경우가 많기 때문에 이 지표를 역시계곡선이라고 한다.

지표의 판단법은 다음과 같다.

① 거래량이 증가하고 주가가 바닥수준을 기록하면 주가가 하락에서 상승으로의 전환이 예상된다는 신호이다.

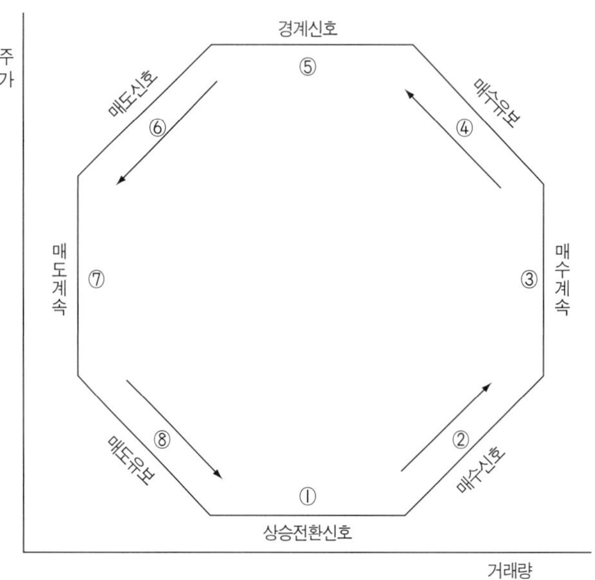

② 거래량이 더욱 증가하고 주가도 상승으로 전환될 경우에
는 매수신호이다.

③ 거래량에는 변화가 없고 주가만이 계속 상승할 때는 매수
를 계속해도 좋다는 신호이다.

④ 거래량이 감소하기 시작하고 주가만이 상승하고 있을 경
우에는 신규매수를 유보해야 한다는 신호이다.

⑤ 거래량이 계속 감소하고 주가가 최고수준에 달했을 때는

상승에서 하락으로 전환될 것이 예상되는 경계신호이다.

⑥ 거래량이 감소하고 주가도 하락으로 전환되면 매도신호
이다.

⑦ 거래량의 감소는 멈추었으나 주가가 급락을 계속할 경우
에는 계속 매도해도 좋다는 신호이다.

⑧ 주가가 계속 하락을 해도 거래량이 증가하기 시작하면 매
도를 유보해야 하다는 신호이다.

삼선전환도(three break line)

주가의 상승전환 또는 하락전환을 보다 빠르고 간편하게 포
착하기 위하여 일본에서 개발된 기법이다. 주가상승이 이전 상
승선 3개를 전환돌파하는 경우에 상승선을, 주가하락이 이전
상승선 3개를 전환돌파한 경우에 하락선을 그려 이를 각각 상
승·하락신호로 본다.

상승선은 흰색의 직사각형으로, 하락선은 흑색의 직사각형
으로 그리는데, 상승선이 그려질 때를 상승전환 또는 양전환이
라고 하고, 하락선이 그려질 때를 하락전환 또는 음전환이라고
한다.

P&F는 Point와 Figure의 약자이다. 우리말로 점수도표라고 부른다. P&F차트는 사소한 주가변화는 무시하고 다만 의미가 있다고 간주되는 변화만을 표시함으로써 주가의 주추세를 파악하고자 하는 차트이다. P&F차트는 주가의 주추세를 파악하는 것 이외에 향후 주가의 상승폭 내지는 하락폭을 사전에 예측하는 데 유용하다. 그러나 이 차트는 주가추이를 가격면에서만 파악하고 거래량을 무시하고 있기 때문에 매수나 매도의 신호가 주가의 움직임보다 늦으며 거래량의 변화과정을 추적할 수 없어 매집이나 분산 활동의 징후를 발견하기 어렵다는 단점이 있다.

주가 그 자체로부터 주가의 움직임을 예측하는 기법이다. 주가수준이 상대적으로 높아지면 차익취득을 위한 매도가 나타나도 그것이 재투자되거나 시장의 활황으로 신규투자가 유발되어 주식의 매수수요를 창출하는 경향이 있다.

반대로 주가가 상대적으로 낮아지면 앞으로 더욱 낮아질지도 모른다는 투자자의 심리불안으로 인하여 주식의 공급요인이 증가하기 쉽다.

즉 주가수준 자체가 주식의 수급관계에 영향을 미치고 그 수급관계 자체가 새로운 주가수준을 형성해나간다는 이론이다.

중앙경제평론사
중 앙 생 활 사

Joongang Economy Publishing Co./Joongang Life Publishing Co.

중앙경제평론사는 오늘보다 나은 내일을 창조한다는 신념 아래 설립된 경제 · 경영서 전문 출판사로서
성공을 꿈꾸는 직장인, 경영인에게 전문지식과 자기계발의 지혜를 주는 책을 발간하고 있습니다.

최광훈의 주가차트 노하우

초판 1쇄 인쇄 | 2010년 11월 20일
초판 1쇄 발행 | 2010년 11월 25일

지은이 | 최광훈(Kwang hun Choi)
펴낸이 | 최점옥(Jeomog Choi)
펴낸곳 | 중앙경제평론사(Joongang Economy Publishing Co.)

대　　　표 | 김용주
책 임 편 집 | 이선미
본문디자인 | 이여비

출력 | 국제피알　종이 | 한솔PNS　인쇄 · 제본 | 태성문화사

잘못된 책은 바꾸어 드립니다.
가격은 표지 뒷면에 있습니다.

ISBN 978-89-6054-076-7(13320)

등록 | 1991년 4월 10일 제2-1153호
주소 | ㉾100-789 서울시 중구 왕십리길 160(신당5동 171) 도로교통공단 신관 4층
전화 | (02)2253-4463(代)　팩스 | (02)2253-7988
홈페이지 | www.japub.co.kr 이메일 | japub@naver.com | japub21@empal.com
♣ 중앙경제평론사는 중앙생활사 · 중앙에듀북스와 자매회사입니다.

▶홈페이지에서 구입하시면 많은 혜택이 있습니다.

※ 이 도서의 **국립중앙도서관 출판시도서목록(CIP)**은 e-CIP 홈페이지(www.nl.go.kr/cip.php)에서
　　이용하실 수 있습니다.(CIP제어번호: CIP2010003884)